집 풍수 십간십서

(陽宅)

집(陽宅) 풍수
십간십서(宅 十看十書)

초판 1쇄 인쇄일 2025년 9월 3일
초판 1쇄 발행일 2025년 9월 10일

지은이 이재영
펴낸이 양옥매
디자인 표지혜 송다희
마케팅 송용호
교　정 조준경

펴낸곳 도서출판 책과나무
출판등록 제2012-000376
주소 서울특별시 마포구 방울내로 79 이노빌딩 302호
대표전화 02.372.1537　**팩스** 02.372.1538
이메일 booknamu2007@naver.com
홈페이지 www.booknamu.com
ISBN 979-11-6752-660-1 (03180)

집 풍수 십간십서

(陽宅) 잠자는 곳을 중심으로

이재영 지음

책과나무

머리말

　필자는 풍수지리 음택서인 『혈증십관십서』를 집필한 바 있다. 혈을 찾아내는 능력은 코로나 19 백신을 연구하는 만큼의 노력이 들어가야 하는 것이 아닌가 한다. 저자는 혈에 대해 어렵게 공부했다. 오랜 세월이 지난 후, 풍수가 아니고 혈증(穴證)인 혈(穴)이 답이란 것을 알았고, 이를 후학도들에게 쉽게 알려야겠다는 생각이 들었다.

　서책을 만든 기본적인 뜻이 여기에 있다. 혈증 십관의 순서는 지프의 법칙을 따라 분석했으며, 혈의 의미를 가장 쉽게 해석하기 위함이다. 일관이 'j' 자 이론으로 가장 먼저다. 이관이 선룡(旋龍), 삼관이 3성(星), 4관이 4상(象), 5관이 5순(脣)의 원칙이다. 6관은 6악(嶽), 7관은 7다(多), 8관은 8요(曜), 9관은 9수(宿), 10관은 10장(葬)이다.

　본 서책은 혈을 공부하는, 혈을 갈망하는 사람들에게 서(書)가 아닌 행동을 하여야만 가능한 관(觀)이다. 그 예시로서 30여 관이 준비되어 있다.

　그런가 하면, 집은 묘지 혈과는 사람이 기운을 생성하는 차원에서 완전히 다른 차원이다. 혈은 눈으로 찾으면 되지만 집은 집짓기를 해야 기운이 생긴다는 원칙론적인 입장에서 다르다. 힘든 난이도를 따진다면 집짓기가 한 차원 높다. 집짓기는 인간의 노력 여하에 따라 많이도 달라지기 때문이다.

왜 그런가 하면, 일단 묘지는 혈을 찾으면 절반은 해결된다. 그러나 집짓기는 혈로 집을 지어서는 안 되는 원리다. 배산임수 등이 주된 임무이기 때문이다. 이를 근거로 집에 대한 3간법을 따져야만 기운이 들어간다. 기운이 있는 집(혈)이 아니라 풍수지리 기술자가 기운이 들어가게끔 집을 만드는 기술이기에 그렇다. 그만한 기술에 대한 예를 들어 보면, 얼만의 노력이 필요한지를 가늠해 볼 수 있을 것이다.

물이 있다는 예(例)를 한번 들어 보자. 물의 소리를 듣는 것이 문제가 된다. 물의 양이나 높이에 따라 물이 떨어지는 소리는 천차만별(千差萬別)이다. 많은 양의 물과 높은 곳에서 물이 떨어질 때의 물소리는 커지면서 거칠어질 것이다. 이와는 대조적으로 적은 양의 물과 낮은 높이의 물이 떨어질 때의 물소리는 약하며 여리고 부드럽다. 이를 사람이 측정하여 인간에게 도움을 주는 물의 소리가 되게 해아 할 것이다. 찾아내는 칙도는 그 이상의 노력으로 집을 지이야 한다는 것이다. 이러한 노력이 들어간다면 기운이 든 집이 가능할 것이다.

이 책의 제목이 기운이 드는 집을 짓는 방법을 뜻하는 『집(양택)풍수 십간십서(宅 十看十書)』다. 기운이 들고 행복한 집은 묘지를 목적으로 혈을 찾는 『혈증십관십서』와는 차원이 확실히 다르다. 따라서 집을 짓는 기술에 무한의 노력이 많이 들어가야만 건강한 기운과 행복이 깃든 바른 집이 될 것이다. 절대로 집을 평가하는 데에 있어서 혈로 판단하는 우(愚)를 범해서는 곤란하다. 대부분 풍수가는 이렇게 생각하리라 보는데 긍정과 부정에 관한 생각이다.

하나는 '때문에'라는 말이다. 일반적으로 '때문에'는 부정적이고 거부적인 용어로 사용되는 것으로 인식한다. '누구 때문에 문제가 되었나.' 또는 '무엇 때문에 그렇다.', '이것 때문에 틀렸다.' 등 여러 논리가 사용되며 대부분 좋지 않은 말투다. 이를 긍정으로 바꾸면 위기가 기회로 된다. 다른 하나는 '덕분에'라는 어휘다. 누구 덕분에 잘되었다는 긍정의 표현이다.

'때문에'라는 부정적인 말보다는 '덕분에'라는 긍정적인 언어로 사용하는 풍수적인 노력이 필요하다. 적선이 따로 있는 것이 아니다. 마음을 바꾸면 쉽게 해결된다. 컵에 물이 반 담겨 있는 것을 가정해 보자. 이에 대한 반응으로 '반 컵밖에 안 남았다.'와 '아직도 물이 절반 남았다.'라는 두 말은 듣는 이에게는 부정과 긍정의 감정이 교차한다. 절망과 낙관의 엄청난 차이다.

이처럼 위와 같은 사고로 하고자 한다면, 풍수지리에 관한 연구가 필요할 것이다. 이를 극복하는 방법으로 건강하고 좋은 집을 짓는 방법의 『집(양택)풍수 십간십서(宅 十看十書)』가 답일 것이다. 그렇다고 하여 "샤워실의 바보"[1]가 되어서는 곤란하다. 풍수에서의 혈 공부에

---

1 1976년 노벨경제학상 수상자인 미국의 밀튼 프리드먼의 주장으로 샤워기 찬물을 틀면 금방 찬물이 나오지 않는다는 것으로 경제 정책의 불확실성을 논한 학자이다.

대해서는 계속적으로, 점진적으로, 위로, 앞으로 꾸준히 미친 듯이 하여야 하는 공부여야 된다. 그것은 결국 혈 공부는 『혈증십관십서』가, 집짓기 공부는 『집(양택)풍수 십간십서(宅 十看十書)』가 되어야 할 것이다.

2025년 9월

이재명

차례

3장

혈증 십관
(穴證 十觀,
답관踏觀)

宅十看十書

1부

집 풍수 십간십서
(양택)　　　(宅十看十書)

1장

잠자는 집

잠자는 집은 찰밥처럼 찰지게 지어야 한다. 예를 하나 든다면, 떡을 만드는 명인이 있는데 만일 떡을 더 잘 만드는 명인이 있다면 그를 찾아가서 배워야 한다.

《인간 극장》에 나오는 사람이 있다. 그에 관한 내용은 아주 대단하다. 자신만의 비법은 옆집에 있는 떡 장사꾼에게도 가르쳐 줄 수 없다는 것이 대부분인데, 이렇게 자신만의 기술을 전수하니 참으로 대단하지 않을 수 없다. 그가 가르쳐 준 비법이란, 믹서기에 쌀을 가는데 그 쌀이 열을 받지 않도록 하는 것이다. 떡쌀이 열을 받으면 떡의 맛이 떨어진다는 비장의 무기다. 참으로 피부에 와닿는 말이다. 조금이라도 더 좋은 떡 맛을 내고자 하는 노하우인데, 집짓기 또한 무한한 정성이 들어가야만 한다.

이처럼 정성을 다해 집을 지어야 기운찬 집이 될 것이다.[1] 풍수인은 집을 건축하는 기술자이기 때문이다. 이러한 이유로 잠을 자는 곳은 작아야 하는데 통상 크게 짓는 경향이 강하다. 많은 돈을 벌거나 명예가 높은 사람일수록 대궐처럼 큰 집을 꿈꾼다. 아파트도 마찬가지로 큰 곳에 살려고 하는 의도가 많고 크다. 그러나 실제로 잠자는 집이나 방은 혼자라면 2평이면 족하다.

그럼에도 큰 집을 꿈꾸는 것은, 본인의 의도보다는 남을 의식하는

---

1   이 내용은 《인간 극장》에서 방송된 것으로, 떡 명인이 순천에 있는 명인 중의 명인의 떡집을 찾아가서 배운다. 떡을 맛있게 만드는 기술의 전수로, 그만의 비법병기다. 조금의 역량으로라도 떡 맛을 향상시키기 위해 노력하는 기술의 달인이다. 이러한 기술적인 방법이야말로 집을 건축하는 풍수적인 방법에 도입되어야한다. 집은 혈이 아니라 집을 만드는 역량에 따라 기운이 잠겨지기 때문이다.

마음이 상당히 큰 데서 비롯된다. 누구는 몇십 평에 산다고 하면 나는 그보다 큰 평수에 사는 것을 희망으로 여기고, 자랑삼아 이야기한다. 하물며 50평이나 100평 규모의 아파트에 살면서 농담으로 축구를 해도 되겠다는 말이 '나는 부자다!' 하는 논리로 해석된다. 참으로 올바른 언어나 참된 마음은 아닌 것 같다. 차도 마찬가지로 누구는 3,000cc면 나는 3,500cc를 타야 직성이 풀리는 민족성이다.

아무리 키가 커도 2m가 넘는 사람은 드물다. 이러한 수치로 볼 때, 방이나 집의 크기는 한정되는 것이 현실이다. 아름답게 성장하여 비교적 잘되어 있다고 하는 사람의 집이나 방의 크기는 어떤가에 대한 인식의 전환이 필요한 때이다. 대통령의 생가가 클까? 한 번 정도 귀를 기울여 보아야 할 것이다.

1. 4신사로 집을 지어도 될까?

집을 짓는 데에 있어 지금의 풍수 서적들은 4신사를 핑계로 짓는 듯한 책들이다. 대부분 그렇듯이 4신사가 결정되고 지금까지도 그래 왔다. 그러나 필자의 생각은 전연 아니다.

집을 짓는 데는 엄연히 양택 3간법이 있고, 양택 3요가 있다. 3간법은 배산임수요, 전저후고요, 전착후관으로 구분된다. 이와 더불어 3요는 문 주 조로, 대문과 안방 그리고 부엌이다. 모두가 우리 사람들에게 필요한 필수적인 구조를 설명한 것이고 곳이다. 그중에서도 안방은 잠자는 곳이다. 먼저 3간법에서 배산은 맥로가 진행되는 길(路)로 기운의 통로다. 기운이 지나가는 지표로 가장 중요한 요소다. 이러한 곳이 배산인 것이다. 다른 주장은 없다.

이러함에도 4신사로 분석하는 풍수인이 대부분으로, 마땅히 이를 물어보면 확실한 답변이 없으면서 어물서린다. 이것이 풍수인들의 지식적인 속내다. 따라서 집을 보거나 짓는 첩경은 3간법으로 하여야 하며, 안방에 대한 잠은 배산으로 지나가는 맥선에서 잠을 청해야 올바른 잠자리가 될 것이다. 4신사로 집을 지어서는 곤란하다.

2. 기운이 있는 곳

풍수를 미신이라고 하는 것은 너무도 과한 말이다. 왜 그런가에 대한 대답이 없으면 물론 섭섭하게 생각할지도 모른다. 기운이 연결되는 체계는 '있을까', '없을까'이다. 풍수지리의 삶이 이 속에 있다.[2]

기운에 대한 체계는 2가지로 요약된다. 능선으로 흐르는가, 아니면 골짜기로 흐르는가이다. 산의 산맥 체계를 보면 능선의 땅속으로 기운이 전달되는 노선이다. 측산이 있지만 측(側)으로는 불가능한 전달 경로다. 따라서 기운의 연계는 맥로라고 하는 능선에 의해서만 연결되며, 혈이 형성되는 것이 이러한 이유다. 다만 집은 혈이 아닌 배

---

2 이재영, 『대통령, 풍수 혈로 말하다』, 책과나무, 2024.

산에 의해 물의 피해와 의지(依持)로서 구성된다.[3] 집의 유일한 배치가 배산이 되는 원리로 으뜸의 장소다. 이때 배산은 측산도 아니고, 올라가는 등산의 장소도 아니며 오직 내려가는 평탄지가 배산이 되는 곳, 즉 배산에 의한 평탄지가 되어야 올바른 곳이다. 내려가는 곳이라 하더라도 경사지는 아니다. 경사지를 평탄화하려면 절개가 되어야 하는데, 이러한 경우에 기운이 훼손되며 황폐화하므로 위험성이 따른다. 따라서 내려가는 맥선의 평탄지가 되어야 올바른 배산이 된다.

간혹 배산임수(背山臨水)를 글자 그대로 해석하여 뒤는 산이고, 앞은 물로 인식되어 측산에 배치되는 경향이 대부분이지만, 이는 아주 잘못된 사고다. 올바른 배산은 맥선이 내려오는 곳으로 경사지가 아님을 이해해야 한다. 내려오다가 일시적으로 멈춘 평탄지가 되어야 비로소 올바른 배산임수가 된다. 직역으로 해석하여 집 높은 곳을 배산으로 하는 이해는 반드시 올바른 이해로의 전환을 필요로 한다. 글자 그대로의 해석이 아니라 산을 이해하고 기운의 전달 경로를 알아야만 배산임수가 찾아질 수 있다.

또한 배산은 최고의 잠을 선사하는 곳이다. "잠은 자연이 우리 인간에게 선물한 최고의 간호사다."[4]라는 주장처럼 길한 잠을 자기 위한 곳이기 때문이다.

---

3 혈에 대한 기운은 땅속으로 묘지가 용도이지만, 집은 땅의 지표면에 지어진다. 분명한 차이가 있다. 집은 자연의 기운이 아니라 사람이 만드는 인위적인 기술이다. 집에 대한 명당은 원래 없다. 다수 풍수인은 복합적으로 혼용하므로 이 범주를 벗어나지 못하고 있다.

4 영남일보, 11면, 향기박사 문제일의 뇌 이야기, 2024.11.11.

2장

사람이
집을 지어야 하는 이유

1. 의식과 무의식에 대한 이해

예(例)를 먼저 들어야 이해가 쉬울 것이다. 무게를 측정하고 시합 하는 씨름꾼은 힘이 좋은 사람이 이긴다. 그러나 술에 취해 잠을 자는 사람은 아무리 힘이 좋아도 이기지 못한다. 이는 당연하다. 의식과 무의식의 차이가 이러한 것이다. 힘이 아무리 좋고 꾀가 많아도 잠을 자는 무의식의 상태에서는 그저 당할 수밖에 없다.

따라서 잠을 자는 곳은 심혈을 기울여야 한다. 무의식의 상태에서 잠을 자는 좋은 택지의 선정이야말로 길(吉)한 건축이 될 것이다.

2. 양택 혈의 이해

양택 혈은 잘못된 개념의 용어다. 혈(穴)은 규모가 작고, 땅속인 구 멍이며, 자연이 만들어 준 것인데 집은 배산임수로 맥선을 타고 내려 가는 산줄기에 일시적으로 멈춘 일편(一片)의 땅으로, 혈과는 완전히 다른 영역이다. 이러함에도 '양택 혈'이라는 핑계로 규모(국)가 크면 양택으로, 규모가 작으면 음택으로 사용되어야 한다는 이론은 아주 잘못됐다. 따라서 규모가 작은 혈에서는 묘지는 될지언정 집은 불가능한 이유다.

3. 4신의 오해

4산으로 잡는 기법의 집은 이해하기 어렵다. 배산임수라는 3간법이 엄연히 존재하며, 풍수지리학 서책의 고전인 『설심부변와정해』 제4권에서도 양지 일편이라는 설명이 존재하고 있다. 배산과 일편이라는 이해는 4신이나 4산으로 잡아서는 곤란하다. 물론 필자의 생각은 양택 3간법인 배산과 전저 그리고 전착으로 지어야 한다는 개념에 전적으로 동의한다. 4신이나 4산 대용으로 울타리가 있고 대문이 있는 전착후관이 있고, 주 건물과 부속 건물에 의한 위계질서를 갖춘 전저후고의 법칙이 있기 때문이다.

이러함에도 일부에서는 집이나 마을을 선정하면서 4신사로 생각하여 위치를 찾는 등의 이해는 전연 동의할 수 없다. 이에 대한 비교로 양택(집) 3간법이 있고, 양택3요가 있다. 따라서 4산이나 4신에 의한 집의 자리 집기는 잘못된 오해다. 오직 양택 3간법과 3요에 의한 방법으로 찾아서 사람이 건축해야 하는 법칙이다. 이를 오해하여 집을 3간법이 아니라 4신사로 잘못 판단하는 사례가 종종 있으니, 주의가 필요하다.

2장 사람이 집을 지어야 하는 이유

3장

집(양택) 풍수

십간십서

필자의 서책인 『혈증십관십서』가 출판된 적이 있다. 아라비아 숫자로 1부터 10까지 십관십서(十觀十書)를 순서대로 엮어 이해나 기억이 쉽게 했다. 그러나 집은 사실 아라비아 숫자로 하기에는 무리가 있어 중요도로 순서를 정해 1부터 10까지 정리해 보았다.

1. 혈(穴) 또는 비혈(非穴)

집을 혈에다 짓는 것과 혈이 아닌 곳에 짓는 것에 대한 평가는 기운상 대단히 중요한 결정이다. 혈에다 지으면 어떻게 되고, 어떤 피해가 되는지에 대해서는 뒤에 제시할 집과 묘지에 대한 비교표에서 아주 상세히 설명할 것이다.

1간인 집짓기는 혈에다 지으면 곤란하다는 내용이다. 혈은 집의 자리가 아니므로 혈에다 집을 지어서는 곤란하다. 즉, 집은 혈이 아니기 때문이다. 혈은 1평 미만 정도로 규모가 작고, 혈증으로 6악이라는 구조체가 있으며, 구멍(穴)이라는 지표가 아닌 지하이며, 조물주인 자연이 만들어 준 것으로 묘지가 적격이다. 이에 비해 집은 규모가 최소 10평[1] 이상이며, 자연이 아니라 사람이 지어야 하는 건축적

---

1   다카무라토모야 지음, 오근영 옮김, 『작은 집을 권하다』, 책읽는수요일, 2013. 이 책에서는 스몰하우스 또는 작은 집으로 설명되는데 3평 이하 정도의 집 크기다.

인 기술이 요구되는 점 등 여러 가지로 복잡하다.

이처럼 집과 묘지는 상호 비교된다. 따라서 규모가 작은 혈에다 집을 지어서는 곤란하다. 혈과 혈증인 조직이 망가지고, 지하는 묘지로 지상은 집이 되는 관계로 혈에다 집을 지으면 그에 따른 피해는 지당하게 따라온다. 이는 혈에 대한 아주 잘못된 인식의 차이이다.

(1) 혈의 가치

혈은 기운 그 자체이다. 정수 1은 백분율로 볼 때 100%가 된다. 혈이 100%로, 즉 1로 볼 때, 사람이 죽어 장사를 치르는 기술(기법) 또한 1로 보면 100%로 1이 되는 수리다. 그런데 혈을 자연에서 찾아 장사를 지낼 때 종선이나 횡선이 올바르지 않거나 수직에 대한 재혈의 깊이가 잘못되었을 때는 100%가 아니라 90%, 80%, 70%가 될 수 있다. 이때의 정수가 0.9, 0.8, 0.7이 되는 원리다. 그러면 그 기운은 100%로 1이 되지 못한다는 논리다. 장법이 70%라고 하면 혈에 대한 값어치도 70%로 100% 중에서 0.7의 기운만 받을 것이다.

이처럼 혈을 찾아 제대로 된 장사가 되어야만 100%의 기운, 즉 1이 되는 기운 상의 정수다. 따라서 혈이 중요하다 한들, 장법이 올바르게 되어야 100%×100%=100%로 1이 되는 원리다. 100%×100%=10000%가 아니라 100%인 1이 되는 풍수지리 혈법의 수리 계산법이다. 이러함에도 불구하고 집을 짓는 데에 있어서는 너무도 많은 괴리가 생기고 있다.

(2) 혈의 크기

혈의 크기는 1평이 되지 못한다고 필자는 주장한다. 오히려 반 평의 크기라고 주장하는 풍수인도 있다.[2] 이처럼 크기가 작음에도 건축하여 집을 짓는 경우가 다수다. 혈증이 망가져도, 혈의 크기가 작아져도 아랑곳하지 않는 경우는 무지해서 그런지, 아니면 알면서도 내만해서 그런지는 알쏭달쏭하다. 이제라도 혈에는 건물을 지으면 올바르지 못하다는 이해가 분명 필요하다.

『설심부변와정해』[3]에서 양지(陽地)는 일편(一片)이라 했다. 이때의 일편은 대부분의 대편인 상대어로 일부분과 대부분의 논리상 비교되는 말이다. 따라서 일편의 크기는 아주 작다. 내려오는 맥선에서 평탄해지는 곳이므로 그에 대한 면적은 클 수가 없다.

필자는 관산을 하면서 맥선에 설치되거나 건축된 구조물을 유심히 살핀다. 벽의 하자(틈, 갈라짐)를 발견하기 위함이다. 자연에는 맥선의 맥폭 좌우로는 경사가 져 있다. 이를 임의로 낮게 평탄 작업을 한 곳에서는 예외 없이 틈이 가는 것을 볼 수 있다. 이러한 틈이 가는 이유는 아주 간단하다. 맥선의 맥폭은 아주 좁지만, 맥의 폭 이상으로 경사진 좌우측의 골짜기 땅 지표는 균질이 다르기에, 아무리 지표면이 다짐이 되더라도 시간이 지남에 따라 균질에 금이 가는 것은 어떻게 할 수 없다.

따라서 얼마 되지 않는 일편의 땅에서만 건축이 되어야만 하자가

---

2   윤갑원, 『반평의 진리』, 지선당, 2003.
3   맹천기, 『설심부변와정해』, 상해강동서국인행, 제4권.

발생하지 않는 완전한 집이 완성될 것이다.

(3) 혈과 묘지 그리고 집과의 비교

아래 표에서처럼 집은 배산임수를 찾아서 지어야 하며, 묘지는 혈을 찾아 그곳에다 장사해야 한다. 이러함에도 '양택 혈'이니 국회, 헌법재판소 등의 건물을 도시 풍수라고 하면서 혈로 분석하는 어처구니없는 발언을 일삼는 행위는 참으로 눈 뜨고 보기 곤란하고 민망한 풍경이다. 이러한 잘못된 혈 분석을 최고의 풍수지리인 것처럼 구는 처사는 큰 문제 중의 문제다.

배산임수는 배산에 의해 내려오는 산줄기의 평탄면을 자연에서 찾아야 하며, 전저후고는 평탄면에 3·2·1공법으로 주 건물과 부속 건물을 선택하여 집을 짓는 방법이며, 전착후관은 울타리를 하고 대문을 요철(凹凸)이 되게 사람이 만드는 풍수지리적 기술이다. 집을 선택하면서 혈이라고 하는 등의 논설은 마땅히 시정되어야 할 것이다. 따라서 배산임수는 자연에서 찾아야 하며, 전저후고와 전착후관은 사람이 그렇게 만드는 풍수적인 기술로서 자연의 생김새인 혈과는 전적으로 다르다.

---

4 인터넷, 「네이버」, 세계에서 가장 작은 집 열람. 실제 활용은 곤란하다. 건축사들의 작품인 만큼 그럴듯하게 보이기는 하지만 실용적인 것은 아니다. 가족이란 최소한 2인 이상(人)이 있어야 하는데 1㎡ 안에서의 생활은 불가능하기 때문이다. 따라서 가장 작은 면적이라 하여도, 또는 일편(一片)의 땅이라 하여도 6평은 되어야 거주가 가능한 면적이 된다.

[표] 집과 묘지의 비교 분석표

순위	구분	집	묘지	혈
1	모양	□	○	○
2	『설심부변와정해』	양지(陽地)	음지(陰地)	
3	평가기준(권지 4)	일편(一片)	일선(一線)	
4	기운 생성	사람	자연(조물주)	자연
5	근거	배산임수	혈(증)	혈4상
6	지위(地位)	지상	지하(0.7~1.5m)	지하
7	면적	$1m^{2}$ 4이나 실상은 6평 이상	1평 미만	1평 下
8	보상	거주자	후손	후손
9	시간(時間)	현재	미래	미래
10	관리	상시	처음 or 자주	자연
11	기운 습득	만듦	혈(증) 찾기	산
12	기술	집 만드는 기술	혈 찾는 기술	재(自)
13	삼세(三勢)	지세	천인지(세)	삼세
14	산업	1차+2차+3차	1차+2차	1차
15	땅 구조	지표	지하	구멍
16	기운 표출	사람이 생성	완전 무결	全美
17	지표 확인	땅 표면	땅속	땅속
18	실증 정도	이(易)+난	난(難)	증거
19	기운 대상	지기(배산 50%)+양기(전저, 전착 50%)	지기(100%)	지기
20	문제점	혈로 판단, 대저택	큰 봉분, 혈증 파괴	4신
21	사용방법(훼손)	훼손 불요(원형대로 사용)	천광 등 훼손 필요	
22	잠	다양	자연향	자연향

1부 집(양택) 풍수 심간십서(宅 十看十書)

※ 생가 자리를 두고 대통령 날 자리 운운(云云)

대통령 나올 자리를 두고 말이 많다. 특히 민주당 이재명 대통령의 경우는 생가가 안동 예안으로 알려져 있으나, 어느 풍수인이 이곳이 아니라 경상북도 영양군 청기면 청기리 799번지 외가로 알려진 이곳이 좋은 자리라고 판단한 바 있다. 하지만 위의 표에서 보는 바와 같이 생가인 집은 기운 면에서 본다면 아주 미미하다.

그 이유는 간단하다. 혈에다 집을 지으면 표 1순위에서 주장하는 바와 같이 모양에서도 차이가 나며 22순위까지 문제가 발생된다. 이러함에도 생가가 좋아서 '대통령이 된다'라고 하는 논리는 너무나 비약적이다. 다만 음택인 묘지에서는 어느 정도 유추할 수 있다고 본다. 묘지는 혈을 찾고 최소한의 면적으로 천공을 하는 경우 훼손의 범위도 최소화하는 방법이 되므로 혈을 찾아 산소를 활용하는 데에 있어서는 가능하다고 보는 타당성이다.[5]

집과 묘지는 표에서 보는 바와 같이 다양하면서도 그 차이가 크다. 집은 혈과는 관계가 전연 없고, 묘지는 혈을 찾아서 사용한다는 것이 필자의 생각이면서 이들의 분명한 차이이다. 하지만 현실에서는 대부분, 아니 거의 대다수 풍수인 전부가 집도 혈과 같이 대등하고 동일하게 적용한다는 주장인데 규모를 놓고 보아도 집은 크고, 묘지는 작다는 정도의 차이가 있지만 이를 무시하는 풍조의 풍수인 대부분

---

5 백년풍수지리연구소에서 내용 일부 발췌.

3장 집(양택) 풍수 십간십서

의 공통된 생각이다.

〔그림〕집과 묘지의 비교 분석

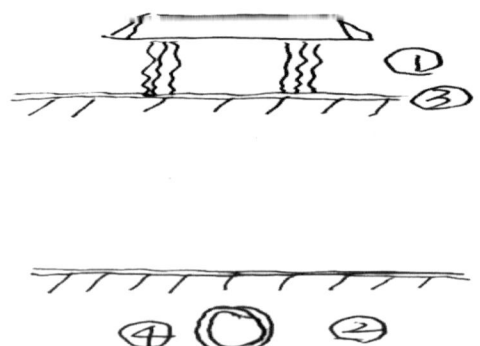

①은 집이다. ②는 지하이다. ③은 지표면이다. ④는 묘지다.

  이러함을 비교를 통해 다루어 봤다. 한번 살펴보면 엄청난 차이가 있다는 사실을 알게 될 것이다. 먼저 평면 형태를 보면 집은 횡(ㅁ)으로, 묘지는 종(○)으로 배치된다. 이러함에도 혈을 두고 같이 다룬다는 주장은 많은 차이가 있는 것으로 어불성설(語不成說)이다. 혈은 여러 차원에서 공통점을 가지고 있기 때문이다.

  『설심부변와정해』에서는 집(전자)은 양지로, 묘지(후자)는 음지로 표현했다. 평가 기준은 일편과 일선으로, 기운 생성은 사람이 찾아 지어야 하나 혈은 자연에서 이미 만들어진 것이다. 적용 방법의 기준은 배산임수와 혈(증)로 구분되며, 지(地)는 지상과 지하로 구분된다.

면적의 규모는 1평 이상과 이하로 구분되며, 보상은 현 거주자와 후손으로 기운을 받는 자가 다르다. 기운을 받는 시간(時間)은 현재와 미래로 구분되며, 관리는 상시와 처음으로 완성되는 것이 다르다.

기운의 습득 방법은 만드는 것과 혈을 찾는 방법으로, 기술은 집을 만드는 기술과 혈 찾기 기술이다. 삼세는 일반적으로 지세에 있는 것과 전체적으로 다 있는 차이점이 있다. 6차 산업은 2차+3차로, 묘지는 1차 · 2차 · 3차 모두가 해당한다. 땅의 구조는 지표로 되어 있으나 후자는 구멍(穴)으로 되어 있다. 기운 표출은 사람에 의해 만들어지나 묘지는 완전무결하다는 지적이다. 지표 확인은 땅의 지표와 땅속으로 구분된다. 기운에 대한 실증은 난이(難易)로 구분된다.

집은 3간법으로 비교적 간단하나 묘지는 혈증으로 구분되며, 혈의 이해를 놓고 볼 때 사실 애매하다. 하지만 통계적인 길흉에 대한 분석은 분명하다. 혈증을 찾아서 간접적으로 해석하면 자명하기 때문이다. 기운의 대상은 묘지는 지기의 힘만으로 하지만, 집은 지기와 양기를 합한 개념으로 만들어지는 차이다. 문제는 집은 혈로 판단하는 또는 대저택 등의 문제가 있지만, 묘지는 큰 봉분으로 하는 문제가 있다는 점이다. 훼손의 정도는 집은 거의 훼손이 없는 지표에서의 건축이나, 묘지는 천광 등의 훼손이 있어야 한다. 잠자리는 집은 이견(異見)이 있으나 묘지는 100% 자연향이다.

이처럼 집과 묘지는 다양하게 구분됨에도 통상적으로 '양택 혈'이란 이름 아래 공통적으로 사용되는 것이 일반적이며, 풍수지리학 박사조차도 무의식적으로 활용하는 것이 다반사로 크나큰 문제다. 혈로 판단하여 집을 지으면 문제가 아주 많이 발생한다. 혈은 생김새가 상

하로 긴 타원형인데, 집은 좌우로의 직사각형이 주류이며, 혈에 집
을 지으면 면적이 작을 뿐만 아니라 혈증인 선익 등의 요소가 망가지
므로 집을 지어서는 상당히 곤란하다.

따라서 이러한 문제점을 타파하기 위해서는 내려오는 산의 평탄면
을 찾아 이용하여야 하는 시혜가 필요하다. 이를 배산이라 하고, 그
렇게 되면 자연스럽게 앞에는 물이 되는 조건의 임수가 된다.

2. 작은 집

집짓기의 2간은 작은 집이 되어야 한다. 큰 집은, 기운이 좋아지게
하는 논리나 일편의 기준으로 보아도 어긋나므로 올바르지 않다.

(1) 본 건물

일편의 집은 작아야 한다. 이러함에도 대궐(大闕) 같은 집이 좋다는
설명에는 문제가 커 보인다. 집이 크면 낭비가 많고 관리가 어려워지
는데도 남에게 보여 주기식으로, 또는 자기 과시 위주로 하는 경향이
강하다. 이는 매우 잘못된 처사다. 그렇다면 왜 집이 작아야 하는가?
이를 알기 위해서는 먼저 일편을 이해해야 한다.

일편의 땅이라 해도 그 면적 전체에 집을 지으면 그래도 넓은데,
문제는 울타리를 해야 하기 때문이다. 집의 전제 조건은 먼저 배산이
되면, 다음은 전저고, 그다음은 전착인데 전착에는 전제 조건이 있

다. 울타리와 대문을 설치해야 하는 이유가 여기에 있다. 일편의 땅에 울타리를 설치해야 하므로 작은 면적에다 집과 울타리를 함께 설치하면 집의 규모가 작아질 수밖에 없다.

기운의 정도는 집은 지기와 양기를 겸한 것으로, 묘지는 지기만을 대상으로 한다는 점에서 차이가 있다. 따라서 일편에 의한 집은 규모가 크다면 여러 문제가 있다고 이해되므로, 다시 생각하는 여유가 반드시 있어야 할 것이다.

(2) 부속 건물

부(副)가 되는 건물은 크게 지어도 상관없다. 잠을 자는 곳이 중요하기 때문이다. 창고나 서실 또는 다른 목적으로 하는 공간은 크게 지어도 된다. 그 이유는 의식의 상태에서 생활하는 것으로 무리가 없다. 하지만 잠을 자는 공간만큼은 문제가 분명 따르므로 작게 지어야만 올바른 풍수적 사고가 될 것이다.

3. 자연향

향(向)은 3가지로 동서남북을 지향하는 절대향, 전후좌우로 방향을 돌려서 짓는 상대향, 그리고 자연에 의한 지세로 향을 선택하는 자연향으로 나누어지는데, 배산에 의한 논리를 이해한다면 자연향이 되어야 할 것이다. 그러므로 집짓기의 3간인 배산이 가장 중요하다. 배산은 집짓기의 중요성이 으뜸이며, 집짓기의 근본 목적이 화복천리(禍福千里)가 아닌 복천리(福千里)가 되어야 하는 이치다. 그게 집을 짓고 사는 근본 목적이 아닌가 한다.

기운의 최종 도달은 현재의 삶에 있는 것으로 추정된다. 자손에 대한 기복적인 무궁무진을 바라는 것은 묘시이며 집은 실세 서수인에 대한 갈망이라고 보는 것이다. 이들 둘 다 맥선을 통한 기운의 전달 체계에 대한 의미는 강하기 때문이다.

(1) 평탄면

배산에서의 평탄면은 사실 전저후고의 원칙을 수반한 배산의 선행 조건이다. 배산에 의한 조건 아래 전저후고의 기법으로 건물을 건축하는 방식이다. 이것이 양택의 조건인 양지의 일편이다. 내려오는 산줄기에 일시 평탄면을 이룬 곳이 집이 건축되어야 하는 제일의 조건으로, 평탄에 의해 이루어지는 것이다.

그러나 종종 앞만 중시하는 경우가 있다. 보기 좋은 전망이 아니라 배산인 뒤를 한층 더 볼 줄 아는 지혜를 가져야 한다. 맥선에 의한 기운이 들어오는지를 확인한 후에 자리를 파악해야 한다. 이는 배산임수상 철칙이다. 제아무리 앞이 아름다워도 뒤에 맥이 없는 곳은 의미가 없기 때문이다. 배산은 100% 이를 확인하는 것에 달려 있다고 본다.[6]

---

6 기운이 있는 맥이지만 기운을 받는 것은 아니란 점이다. 배산은 맥선을 타는 것이지 기운을 받는 것은 아니기 때문이다. 기운을 받으려면 땅속이 되어야 한다.

(2) 일편의 이해

일편(一片)은『설심부변와정해』에 등장한다. 대편(大片)의 상대어가 일편이다. 일부분은 대부분의 상대어, 일부는 대부의 상대어로 땅에 대한 이해가 먼저 이루어져야 한다는 말이다. 이유는 아주 간단한 문제로, 큰 면적이 아니란 의미다. 산 능선이 내려오다가 평탄면이 되는 면적인 만큼 크게 평탄을 이룰 수 없다는 말이다.

이러함에도 불구하고 크게 짓는 건축물을 선호하는 경향이 많다. 큰 건축물을 짓고자 한다면 확장을 크게 해야 하는데, 자연에 의한 것이 아니라 임으로 확장하면 그 면적에 건축된 공작물은 하중을 받아 무너지거나 건물에 틈이 생긴다. 이렇게 되면 이중 삼중으로 관리비가 증가하며 심신이 흔들려 힘들어진다.

이를 예방하는 차원에서라도 일편의 땅은 작은 소면적으로 건축되어야 하자가 발생하지 않는다. 따라서 일편은 소면적의 작은 땅이란 점을 이해해야만 관리 등에 의한 문제가 발생하지 않는다. 큰 저택이나 대궐과는 일편은 차원이 다른 논리다.

(3) 북향집

북쪽을 향한 집은 문제가 없을까? 의구심이 생긴다. 그러나 절대향이나 상대향이 아닌 자연향이라면 아무 문제가 없다. 다만 북쪽은 겨울철 춥고 냉하다는 것으로서 이해된다. 추위만 잘 이겨 내면 되지만 잠자리는 견디면 견딜수록 피해가 있다. 죽은 자나 산 자는 자연스럽

분명히 집은 지표면에 장치하여야 한다.

게 맥선이 있는 곳으로 해서 높은 곳에는 머리를, 낮은 곳으로는 다리를 놓아야 정와(正臥)가 된다. 이를 무시한 자세는 의미가 퇴색되며 이러한 좌향이 자연향이다.

맥선에 잠을 자야 하는 이유는 기운의 연결성 때문이다. 산을 통한 기운은 필사가 사주 묻는나. 능선을 통한 것, 계곡무를 봉하는 것, 그리고 측산을 통하는 방법 등의 3가지 주문을 하는데, 이에 대한 기운의 대답은 자명하다. 능선을 통해서만 기운이 땅속으로 전달된다는 것이다. 따라서 배산은 능선으로 내려오는 곳에다가 집이 되어야 하는 조건부 자리이다. 이를 참고삼아 자연향은 북쪽이 되어도 관계없다. 다만 능선을 따라야 한다는 대원칙은 지켜져야 할 것이다.

4. 전저후고

집짓기의 4간은 전저다. 전저후고의 건물 배치에 대한 이해는 귀(貴)[7]의 발달을 두고 있는 듯하다. 조화와 균형이 되면서도 선후가 있는 것으로 파악된다. 본 건물과 부속 건물의 배치가 그러한 것으로 평가되기 때문이다.

전저후고는 본 건물이 높고 부속 건물은 낮추어야 하는 조건이다. 이러한 건물은 ㅁ자형, ㄷ자형, ㅡ자형 등이 있으므로 전저후고

---

7 본 건물은 주인, 주체 등의 귀적인 의미가 함축되어 있다.

가 가능하다. 다만 ㅡ자형 건물은 대문이 낮아야 한다는 조건이 붙는다. 그래야만 전저후고가 된다. 따라서 전저후고의 최적 건물은 ㅁ자형, ㄷ자형의 건축이 되어야 올바른 전저후고다.

(1) 3 · 2 · 1 공법

3 · 2 · 1 공법은 전저후고를 기준 잡는 가장 중요한 내용이다. 본 건물을 3단으로, 부속 건물을 2단과 1단으로 하는 방법이다. 1단은 역수를 기준으로 함과 동시에 물의 출발점이 된다. 즉, 1단에서 물이 시작되어 2단 방향으로 흐르도록 하는 물의 기술적인 기법이다.

혹자들은 전저후고를 지표면으로 해석하는 것이 다반사이지만, 필자가 말하는 전저후고는 지형이 아니라 건축물로서 주가 되는 건축물은 3단으로, 부가 되는 건축물은 2단과 1단으로 설치하는 풍수지리적인 기술이라고 단언한 바 있다. 여기서 말하는 전저가 지형이 아닌 이유는 배산임수적 내려오는 산줄기에서 평탄이 되는 일편(一片)의 땅이기 때문이다.

이처럼 해석의 차이는 단순하게 전저후고를 해석하는 이치가 아니라 평탄면에서 집을 건축하므로 본 건물은 3단으로 높게, 부속 건물은 2단과 1단으로 낮게 되는 이치다. 이는 지형에 대한 자연적 의미가 아니라, 사람이 건축을 동원하여 기술적으로 놓아야 하는 기술의 개념으로 3 · 2 · 1 공법에 대한 의미가 상당하다. 물론 ㅁ자형 건물은 4 · 3 · 2 · 1의 공법으로 하여야 한다.

(2) 집 안의 물 처리

집 안의 물 처리는 먼저 외수를 판단하고, 내수는 나중에 하는 것이 원칙이다. 이에 따라 내수는 집의 처마를 기준으로 낙수가 되는 곳까지 집 안으로 물이 들어오게 하여야 한다. 만약 'ㅁ'자 집이면 배산이 곧바로 집의 낙숫물이 떨어지는 곳까지 녹으로, 즉 집 안으로 물이 들어오게 하여야 한다. 그렇게 해야만 기운이 멈추게 된다.

그러나 대부분의 물은 빨리 집 밖으로 빠져나가야 한다는 것으로 인식한다. 시간 안에 물이 나가는 경우 물의 양에 따라 다르겠지만, 물은 흙을 설기하면서 나간다. 따라서 이를 방지하고자 한다면 집 안으로 물이 들어오게끔 하여야 흙의 유실이 없다. 이는 물의 진리다. 곧장 그대로 빠져나간 물줄기는 흙과 함께 퇴장하는 것이 자연이며 순리다. 묘지 앞에 있는 땅이 무너지는 이유나, 도로의 가장자리 노견(路肩)이 떨어져 나가는 이유는 모두 같다.

이에 대한 해결책은 노견[8]의 설치다. 시멘트 포장길 아래에 있는 흙의 유실로 포장된 도로도 아래로 떨어지거나, 떠내려간다. 만약에 노견(路肩)이 있다면 이러한 문제는 해결된다. 물에 대한 바른 이해가 필요하다. 금년 폭우로 무너진 성주읍성[9]도 물 처리가 잘못된 것

---

8 노견은 통상 시골의 포장길에서 설치되는 것으로 길의 가장자리다. 노견이 설치되지 않는 곳에서는 흙에 의한 유실로 포장길이 떨어져 나가는 경우가 종종 있다. 이를 방지하려면 노견이 있어야 하며, 노견이 있으면 이러한 현상이 일어나지 않는다. 포장길은 노견의 설치가 반드시 필요하다. 가정집도 마찬가지로 앞으로 곧장 빠져나가는 물은 이러한 피해가 분명 있다.

9 인터넷, 「네이버」, 폭우로 무너진 성주읍성, 2024년 폭우로 성주읍성이 무너져 내렸다. 이 역시 물 처리가 의심된다.

이 아닌지 연구해 보아야 할 것이다.

① 좌출

물이 집의 좌측에서 시작되는 것을 줄여서 좌출(左出)이라 한다. 3 · 2 · 1 공법의 2(우출)와 1(좌출)이 되는 조건으로 집 안의 물을 사람이 이렇게 만들어야 한다. 자연이 아니라 사람이 물을 활용하고 만드는 기본적인 기술이다. 외수가 먼저 결정되므로 집 안의 물은 이에 따라야 하는 원칙이다. 역수가 되는 이치다. 외수의 물이 우출되면 집 안의 물은 좌출이 되는 원리다.

② 우출

우출(右出)은 집 안의 물을 오른쪽에서 출발하도록 하는 물 처리 방법이다. 물 처리에 대한 전체적인 내용은 좌출과 동일하다.

5. 전착후관

집짓기의 5간은 전착이다. 전착후관(前窄後寬)은 앞이 좁고 뒤가 넓게 만드는 기술로 부(富)가 연상된다. 또한 한번 들어간 기운은 좀처럼 빠져 나기가 쉽지 않기 때문이다. 집의 모양도 그러한 형태다. 이렇게 하면 울타리와 대문을 설치하거나 만들어야 한다. 장소가 원래 그러한 게 아니라, 기운이 생기도록 인간이 일부러 만드는 풍수적인 기술력이다.

이때 풍수인의 기술적 평가는 천양지차(天壤之差)로 그 차이가 큰 운니지차(雲泥之差)다. 따라서 고도의 집에 대한 3법을 적용하여야 할 것이다. 전착후관이 되어야 하는 이유는 후반이 아니라 전반에 있다. 기운이 빠져나가지 못하도록 하는 부동신의 빌자루 형태의 땅 모양새이다. 이를 응용하여 사용된 것이 전착이며 후관이다.

(1) 울타리

전착후관의 주목적은 기운의 멈춤이다. 배산에서 내려오는 기운을 멈추게 하는 역할이다. 주변으로 뻗어 나가지 못하도록 하는 원리다. 그것이 울타리이다.

울타리의 종류는 많다. 구멍담과 내외담,[10] 꽃담,[11] 이름 담[12] 등 여러 가지가 있다. 그들은 목책, 흙담, 돌담 등이지만 바람이 통하는 목책은 올바른 울타리가 아니다. 보기도 아름다운 콩떡 담장[13]은 바람이 통과되지 않는 장점이 있다. 바람이 거칠게 불면 약하게 바람

---

10 경북 청송의 송소고택에는 이들 담이 있다. 구멍담은 사랑채의 어른들의 보살핌을 살피는 구멍으로서의 목적을 갖고 있으며, 내외담은 유교에서의 남녀 구분을 하기 위한 담으로 상당히 의미가 함축되어 있다.

11 창덕궁의 꽃담은 미를 추구하는 의미의 담이다. 이처럼 집 안에서의 아름다움은 풍수적으로서의 길적인 요소도 한몫한다.

12 양산보의 소쇄원 '소쇄처사양공지려'라는 이름이 담에 적혀 있다.

13 시멘트로 울타리를 만드는 방법으로, 담벽 중간에 돌을 넣어 아름다움을 선사한다. 이는 양반가의 가옥 등에서 울타리로 사용되는 아주 고급스러운 담장의 기법이다.

을 제어하는 지형지물이 울타리이다. 또한 개비온(gabion)이라는 울타리도 있는데, 철망 속으로 돌을 넣고 작업하여 설치하는 방법과 사용 후에 남은 폐자재(비닐류, 소주병 등의 병 종류, 깡통 등을 재활용)를 이용하여 설치하는 개비온에 담쟁이를 설치하여 자연미를 추가하는 방법의 개비온도 있다.

이 중에서도 가산(假山)에 가식(加植)이 으뜸으로 치는 울타리 방법이다. 지표면의 하단부는 담을 대용하는 것으로 가산식으로 하고 그 위에다 키 낮은 나무를 심는 방법이다. 이러한 방법은 돈이 덜 들어가면서 효율이 커지는 이중적인 효과가 강하다. 그래서 추천하고 싶은 방법은 가식과 가산이다.

다음으로 흙과 돌을 혼용한 방법의 담도 좋다. 나무로 된 목책인 울타리는 제대로 된 담의 역할을 하지 못한다. 따라서 올바른 담은 바람이 통과되지 않는 울타리가 되어야 전착후관의 목적이 될 수 있다. 그렇다고 하여 울타리가 너무 높으면 집 안을 보는 것을 포기하기도 하지만, 독 안에 든 쥐처럼 감옥(監獄)이 될 수도 있으므로 이러한 울타리는 더더욱 삼가는 것이 좋다. 반대 개념으로 또 너무 낮으면 집 안이 노출되므로 울타리에 대한 위기감이 생겨서 좋지 않다.

그렇다면 적당한 높이의 울타리가 좋은데, 울타리 밖에서 서서는 보이지 않을 정도로 폴짝폴짝 뛰어서 보는 정도면 적정한 울타리의 높이가 될 것으로 판단된다. 물론 사람이나 환경, 울타리의 거리에 따라서는 달라질 테지만 말이다. 또한 돌이나 시멘트로 된 울타리에는 작은 담쟁이류를 활용하여 피복시키면 좋다. 푸른색은 눈을 보호하기도 하지만 시멘트의 차가움을 예방하기도 해서 일석이조(一石二鳥)다.

(2) 대문

출입문의 대문은 요(凹)나 철(凸)이 되게 만들어야 한다. 땅의 여유가 있다면 앞으로 나오도록 하는 것과 집 안으로 당겨서 대문을 만드는 방법, 그리고 울타리와 같은 높이로 하는 등의 방법이 있으므로 선택해서 지으면 될 것이다. 만일 땅의 모양을 생각해서 철하게 대문을 내어도 될 것이다.

6. 잠자는 곳

집짓기의 6칸은 잠자는 곳이다. 주는 양택 삼요로 안방을 대신하는 말이다. 잠을 자는 곳의 대명사로, 의식이 없을 때의 무의식 시간을 보낸다. 3요는 문·주·조로 사택의 2요소로 동사택과 서사택으로 나누게 되는데 이해가 쉽지는 않다. 그 이유는 여러 가지이다.

첫째, 맥선을 통한 배산임수다. 맥선이 없으면 측산이 되거나 골짜기가 된다. 물론 직설적인 화법으로, 뒤는 산이고 자연스럽게 앞은 물이 된다. 하지만 맥선이 아니면 물의 피해가 있거나 기대는 의지가 되지 않는다. 이러한 차원에서 안전을 보장받을 수 있으려면 맥선을 타고 내려오는 산줄기의 평탄지가 되어야 한다. 이러할진대 집을 횡으로 지으면 좌우로 길이가 긴 집이 되는데, 이때 방이 좌우로 가는 경우와 맥선을 타는 경우로 갈린다.

이는 순전히 필자의 개인적인 의견이다. 맥선을 받는 방과 좌우로 이동된 방의 이해는 안전(安全) 면에서 차이가 난다. 이러한 의미로 볼 때 사택 이론은 별 의미가 없다. 필자는 맥선에 따른 방의 위치가 되어야 올바른 안전과 물의 피해가 없다고 생각한다. 좌나 우측으로의 방은 비탈에 가까워져 기울게 된다. 따라서 사택 이론을 부정하며 오직 맥선에 의한 방이어야 한다는 사실이다. 그러므로 잠은 자연향에 의한 맥선 위의 방향으로 맥선상에 잠을 자야 한다는 것이다.

필자는 침대의 설치도 부정한다. 독자가 필요하다면 설치하여도 된다고 보지만, 문제는 침대 밑에 아무것도 설치하지 않거나 두지 말아야 숙면이 될 것이다.[14]

(1) 사택 이론의 부정

집의 3요인 문·주·조는 뜨는 태양을 중요시하는 것과 지는 태양을 선택하는 동사택, 서사택으로 나누어서 구조를 정하는 이론이다. 이 이론은 잠을 자는 안방이 중요시된다. 집의 안방이 맥로를 기준으로 좌측이나 우측으로 지우진 방에 대해서는 기운이 없거나 회전맥에 걸릴 가능성이 높기 때문이다. 이러한 이유로 동사택과 서사택은 올바르지 못하다. 오직 맥선상에 있는 방이 되어야만 기운이 있는 곳이기에 사택 이론은 안방의 경우에는 의미가 전연 없고, 적용되어서도 곤란하다.

---

14 애신각라 유한, 김성훈 옮김, 『위험한 풍수』, 성안당, 2024, p.139.

(2) 팔택 이론의 부정

팔택 이론 역시 마찬가지로 안방에 대한 의미는 같다. 좌측이나 우측으로의 치우친 방의 배치는 안전과 물의 피해가 예상되어 문제가 된다. 오직 배산인 맥선에 의한 곳에서만 안전이 정착되기 때문이다. 기운의 전달은 측산이나 골짜기 등으로는 전해지지 않는다. 따라서 팔택인 8식구에 의한 배치 방법은 무리가 있다. 사택 이론이 부정되듯 팔택 이론 또한 마찬가지다.

이러한 이유로 볼 때, 안방은 맥선에 의한 방의 배치가 되어야 한다. 안방은 잠을 자야 하는 관계로 무의식의 상태가 되므로 여러 가지 제약이 뒤따른다. 그러므로 사택과 팔택 이론을 적용해서는 곤란하다.

7. 무 인테리어

집짓기의 7간은 인테리어를 하지 않는 것이다. 예각에 의한 피해, 반려동물에 의한 간접적인 문제가 심각하다. 이외에도 전화기, TV 등 여러 가지 생필품을 설치하는 경우가 있는데 이들을 설치하거나 장치하여서는 곤란하다.

(1) 인테리어

잠을 자는 목적의 집이나 방에서는 내부 인테리어가 불필요한 무

(无)인테리어다. 그 이유는 잠만 자는 것이 원칙이기 때문이다. 그 속에서 책도 보고, 인터넷도 하고, TV도 시청하는 곳이 아니기에 그렇다. 잠자는 곳과 실생활을 하는 곳은 구분해야 한다. 잠자는 곳은 들어가면 곧바로 잠을 청하고, 일어나면 즉시 밖으로 나가서 일(事)을 하는 곳이므로 꾸물거릴 여유가 있는 곳이 아니다. 무의식의 상태에서 잠을 자는 곳이기에 일어나서 의식이 있다면 곧장 사무에 종사해야 하는 것이 원칙이다.

혹자는 이곳에서 모든 생활을 하는 것으로 오해하는 경우가 있는데, 올바른 이해가 필요하다. 크지 않고 조그마한 면적에서, 생활하는 곳이 아니라 잠만 자는 곳이란 생각이 들어야 한다. 생활하는 의식의 시간과 잠을 자는 무의식의 시계추는 확연히 다르며, 피해 정도는 무의식의 시간은 한층 더 높은 차원이기 때문이다.

(2) 반려

반려동물에 대해서도 반려(伴侶)해서는 되지 않는다. 제아무리 관리를 잘한다고 하여도 원천적인 동물의 서식지는 방이 아니다. 기생충이 많고 털이 날리는 등 우리 사람들과는 생태적으로 다르다. 지금의 세상이 반려를 많이 한다고 하지만, 동물을 위한 공간과 사람을 위한 공간은 따로국밥처럼 따로 정해져 있다.

물론 반려동물에 대한 동물 사랑을 평가 절하하는 것은 절대 아니다. 다만 잠자리는 본래 태생처럼 하여야 하기 때문이다. 이처럼 동물과 사람은 따로 생활하고 따로 먹는 국밥이다. 지금은 시류가 많이 변하여 함께 잠을 자는 등 같이 생활하여 말 그대로 반려동물이 되었다고 보지만, 근본 속성은 완전히 다르다. 사람과 동물은 달라도 너무나 다른 생활 방식으로 살아가기 때문이다.

(3) 예각 처리

인테리어가 '별로 없다'란 의미는 결국 예각에 의한 피해 방지를 위함이다. 예각이 많으면 많을수록 그에 따른 피해는 크다. 도살장이나 식육점에서 일하는 사람들이 칼을 들고 있는 모습을 보면 몸이 움찔해지는 것과 같다. 이러한 피해를 장시간 접한다면 그 피해는 엄청나게 크게 작용할 것이다. 특히 잠을 자는 곳에서의 피해는 몇 배 증가할 것이다.[15]

이처럼 예각은 찌른다는 좋지 못한 선입관에 의한 작용이다. 마음이 그렇다면 그에 따른 피해는 물을 보듯 뻔하다. 따라서 잠자는 곳에는 송곳, 가위, 텔레비전, 스마트폰 등의 전자기기도 있어서는 곤란하다.[16] 텔레비전 위에 놓인 가위, 송곳 등으로 인해 어린아이가 입을 피해도 생각해 보아야 할 것이다.

---

15 애신각라 유한, 김성훈 옮김, 『위험한 풍수』, 성안당, 2024, p.51.
16 애신각라 유한, 김성훈 옮김, 『위험한 풍수』, 성안당, 2024, p.106.

8. 흙+나무로 집짓기

집짓기는 8간으로 주변 환경의 영향을 받아야 한다. 시골집이라면, 별장이라면 거기에 맞는 구조나 환경으로 집을 지어야 정상이다. 간혹 유럽풍의 집 모양으로 마을을 이루는 건축물이 간간이 눈에 들어온다. 마을 사람들과도 이질감이 생기는 원인이 되므로 집을 짓고자 하는 주변의 흙과 나무로 집을 지어야만 이질감이 없고 동네 주민들과도 신토불이처럼 동화된다. 마을은 동질성이 대단히 중요하다.

기존의 주민들은 성향이 착하다. 그런데 도시인들이 들어가면 달라지는 것은 동질성의 문제, 이기주의 등이 서로 다르기에 복잡해지면서다. 이는 다름 아닌 이질감 때문이다. 이를 타파하려면 이질이 아니라 동질이 되는 행동과 올바른 처신을 해야 할 것이다. 그곳 동네의 흙과 나무로 집을 짓는다면 동화되어 모든 것이 슬기롭게 해결될 것이다.

(1) 숯의 활용

숯은 사람에게 이로운 물품이다. 습하면 물을 머금고, 건조하면 습기를 내뿜는 작용을 할 뿐만 아니라 탈취 작용도 하기에 가정에 상비용으로 준비해 놓으면 상당히 좋다. 특히 습한 곳에서는 효과가 크다.[17] 지금도 된장이나 간장을 담글 때 숯을 사용하는 곳이 많이 있다.

(2) 지붕

가능하면 건축(지붕)은 생각하면서 지어야 한다. 구조가 높은 원형이 있을 수 있고, 방인 4각형의 지붕이 있을 수 있고, 삼각형의 지붕이 있을 수 있다. 원형의 건물 지붕이 좋지만, 터의 구조나 실용적인 부분을 생각한다면 4각에 의한 지붕 모양이 무난하다고 본다. 경우에 따라서는 삼각의 지붕도 있을 수 있고, 배나 옹기 단지가 지붕이 되기도 하지만, 제일 무난한 것은 원형이나 타원형의 지붕이다. 4각지붕은 차선책으로 편리상 용적률로 따져 이용하는 차원에서 이해되어야 할 것이며, 삼각형의 건물은 짓지 말아야 할 것이다.

(3) 낮은 건물

건물의 높이는 낮게 지어야 한다. 작은 건물을 선호하기 때문에 이에 맞게 건물의 높이도 낮아야 상호 균형을 이룬다. 기념관이나 회의실 같은 곳에서는 대중들이 많이 운집하기에 높이가 큰 건물이 맞지만, 2인 가족이 사는 작은 건물을 크고 높게 지어서는 곤란하다. 상호 균형과 조화가 맞지 않기에 적절하지 않다. 따라서 작은 건물은 높이가 낮은 건물이 되어야 한다. 건물의 지붕이 높으면 웅장함은 있지만 안정감은 떨어진다. 이에 비해 키 낮은 건물은 안전감이 높아

17 위의 책, 성안당, 2024, p.34.

작은 규모의 집에서는 안정적이어서 좋다.

9. 작은 나무 심기와 전기 수도 시설 없는 집

조경은 세 가지 정도로 구분해야 한다. 한국식이 있고 중국식과 일본식이 있다. 먼저 중국식은 괴목과 괴석 등을 설치하거나 크게 심는 방법이며, 일본식은 작게 하거나 작은 수석을 놓는 방법 등으로, 나무는 가지치기를 많이 한다. 이에 비해 한국식은 자연 그대로의 자연적 모습이 주를 이룬다. 가지치기는 무(無) 전지로, 돌은 장대석으로 하는 특징이 있다.

한국의 경우 이해가 곤란하지만, 나무에 대해서는 전지를 하지 않는다. 자연 그대로의 자연목이 되어야 하는 조건이 강하기 때문이다. 이처럼 한국식 정원은 자연을 가장 자연스럽게 히는 나무 심기 방법이다. 따라서 멋이 있게 한다고 하여 나무에 일본식인 전지를 하는 것에 대해서는 많은 고민이 선행되어야 할 것이며, 무리한 전지는 삼가야 한다.

한편으론 이미 자연을 훼손하여 많은 건조물이 있다면 이를 활용하는 차원의 조경이 필요하다. 철거보다는 그대로의 재활용에 의미를 두기도 하는 조경적인 철학을 가져야 제대로 된 집과 조화와 균형을 갖춘 조경이 되지 않을까 한다.[18] 이러한 의미에서 집짓기는 자연스럽게 되어야 할 것이다.

집짓기의 9간은 나무 심기와 전기 설치로 이에 대해서는 부정적 견해다. 잠을 자는 곳에서는 무의식의 상태가 되므로 전기 콘센트나 휴대 전화기가 있으면 잠을 깨우는 성우가 되기 때문에 방안에 놓지 않는 것이 현명하다. 식물도 마찬가지로 잠자는 방에는 놓지 말아야 한다. 낮에는 산소를 배출하지만, 밤에는 이산화탄소를 배출하므로 좋지 않다. 또한 집 앞에는 사람의 키보다 높은 수종의 나무나 관목은 심지 말아야 한다. 사람이 이 식물에 제압되는 경우가 있으므로 입식을 하지 않아야 한다.

〔표〕 원(園)에 대한 한 · 중 · 일 비교

구분	한국	중국	일본	비고
나무	천연	괴상한 나무	전지(剪枝)	
돌	장대석	괴이한 돌	입체(학, 거북형)	
물	상→하 자연에 의한 샘	못을 만듦	못을 만듦	
흙	자연 그대로 이용	가산	고산수(枯山水)	
경사	화계	인위적	인위적	
형태	자연대로	괴(怪)	돌과 모레	
스케일	자연 그대로	대(大)	축약	
사상	풍수지리, 음양5행	도교, 신선사상	불교	

18 정영선 조경 디자이너의 속 깊은 철학적 설명이다.

(1) 관목 위주의 식재

집 안의 나무를 심는 곳에는 키가 큰 나무가 아니라, 키가 낮은 작은 나무인 관목을 식재해야 좋다. 특히 산소가 많이 배출되는 이끼 등은 색깔도 초록색으로 눈의 피로를 쉽게 회복하는 성질이 있어 현관이나 방의 앞면에 설치하면 일석이조(一石二鳥)의 효과가 있다. 그렇다면 집 안에 두거나 심어서 좋은 수종과 그렇지 못한 수종에는 어떠한 것들이 있을까? 아울러, 정원석으로 많이 활용되는 돌의 배치법과 5감을 활용한 식재 및 시설의 설치에 대해서도 알아보자.

① 갈등

사람들 사이에 등을 돌리는 것을 '갈등(葛藤)'이라고 표현한다. 갈(葛)은 칡을 의미하고, 등(橙)은 등나무를 말하는데 서로 감아서 오르는 선룡이 다르다. 전자가 오른쪽으로 감아 올라간다면, 후자는 왼쪽으로 감아 올라감에 따라 종국에는 외나무다리에서 만나는 것처럼 맞상대기 되어 씨움이 벌어진다. 이때 한쪽이 양보해야 올라간다. 올라가는 사람과 진 사람이 있는 투우장처럼 식물에도 이러한 종류가 있다. 따라서 가정의 정원에 다른 나무를 감고 올라가는 수종은 금기 식물이다. 가능하다면 심지 않는 것이 현명한 방법이다. 집은 우리 인간이 좋아지도록 하는 방법으로 지어야 하기 때문이다.

② 곶(串)과 타(朶), 기(杞) 그리고 간(杆)

串은 꼬챙이로 가시가 있는 수종이다. 장미나 찔레, 선인장, 매화, 골담초 같은 식물 등은 아무리 아름답다고 하여도 가시가 있으므로 집 주변에 심지 않는 것이 좋다. 특히 어린이가 있다면 더더욱 심어서는 곤란할 것이다. 손을 찔러 다치거나 쉽게 다가서지도 못하는 것은 가시(串)가 있기 때문이다. 주변의 식물은 쉽게 접근하여 만지거나 보고 향기를 맡기도 하는데 가시가 있으면 부담감이 생겨 접근 자체기 어렵다. 이른이 있이도 미친가지로 접근이 어려워 쉽게 다루기가 편치 못하다. 가능하면 가시가 있는 수종은 심지 말아야 할 것이다.

죶는 늘어진 형태로 수양버들이 대표적이다. 밤에 여자가 머리를 늘어뜨리고 있는 형상으로 좋은 모습이 아니다. 귀신의 모습이 연상되어 이러한 나무를 정원에 심으면 밤에 깜짝 놀라는 경우가 종종 있으므로 집 주변에는 아무리 보기가 좋아도 심지 말아야 한다.

杞는 갯버들과 같은 나무로 타(朶)와 아주 유사하므로 심지 말아야 할 것이다.

杅은 몽둥이를 심어 놓은 나무를 말하는데 두목 작업이 된 나무다. 목을 친 형태의 나무로, 이러한 나무를 정원에 심어서는 곤란하므로 심지 말아야 한다.

③ 한(閑)과 곤(困) 그리고 행(杏)과 죽(竹)

정원 안에는 다음의 나무를 심지 않아야 한다. 한(閑)이나 곤(困)은 정원에 나무를 심으면 기운을 막거나 곤란해진다고 하는 어원이 되므로 가능하다면 심지 말아야 한다. 특히 집 앞에 있는 나무는 가지 등으로 답답하게 느껴지는 나무로 담벼락 주변에 심어야만 이러한 어휘(困과 閑)와 같이 되지 않으므로 효과가 있다. 나무는 집 안의 한

가운데에 심으면 좋지 않다. 한(閑)이나 곤(困)처럼 습기나 건조의 문제를 해결해 주지 못하기 때문이다. 이를 금기시하기도 하지만 건습(乾濕)은 과학적으로 살펴보아도 좋지 않다. 따라서 집의 한가운데에 나무를 심어서는 곤란하다.

촘은 집 위에 있는 나무로, 보기도 좋지 않으며 은행과 살구나무를 칭한다. 은행의 암나무는 향기롭지 못한 취기가 올라오므로 심지 않는 것이 좋다. 특히 정원수로는 키가 매우 크므로 아름답지 못한 수종이며, 글자의 모양처럼 지붕(口) 위에 나무(木)가 있는 것으로 집보다 나무가 크면 좋지 못함을 나타내며, 이 또한 건습에 문제가 있으므로 이러한 나무를 심지 않도록(높지 않도록) 정원 관리가 되어야 할 것이다.

竹은 집 안에 심어서는 곤란하다. 맹아력이 뛰어나 한번 퍼지면 걷어 내기가 상당히 어렵기 때문이다.

④ 무화과

무화과(無花果)는 한자에서 보는 것처럼 꽃이 없는 과일나무다.[19] 이러한 수종은 집 안에 심어서는 곤란하다. 아무리 여러 가지 조건이 좋다고 해도 꽃이 없으면 후손이 없다는 등식이 성립되므로 좋지 않게 생각하는 수종으로, 심어서는 곤란하다.

---

19 물론 무화과는 꽃이 피는 수종이지만, 표현되기를 '꽃이 없는 나무'라고 하므로 집 안에는 심지 않는 것이 좋다.

3장 집(양택) 풍수 십간십서

⑤ 키가 큰 나무 식재 곤란

나무는 4가지로 구분된다. 키가 큰 교목, 어중간한 준교목, 키가 낮은 관목 그리고 초화류이다. 교목은 크게 자라는 특성이 있다. 관목은 키가 크게 자라지 않는다. 초화류는 풀과 꽃으로 되어 있는 풀꽃 종류다. 이 중에서 집에서 식재하는 종류로는 관목과 초화류가 적당하며 아무리 커도 지붕을 덮을 경우는 없기 때문이다. 따라서 교목류를 심어서는 곤란하다. 다만 집의 전후좌우에 바람을 약하게 하는 정도의 실용성이 있는 과수류는 괜찮을 것이다.

⑥ 편백나무와 측백나무 식재

편백과 측백은 피톤치드도 배출되지만, 모기의 번식을 제어한다. 이들 밭에서 김을 제거하더라도 모기가 달려들지 않는다. 모기가 싫어하는 향기가 나기 때문이다. 따라서 담 안쪽에 이 나무를 심어 두면 모기들의 극성을 어느 정도는 방어할 수 있다. 여름철 모기에 대한 피해는 상상을 초월한다. 특히 어린아이에게는 그에 따른 피해가 크므로 이 나무를 식재하면 좋다.

⑦ 죽은 나무와 목혈

죽은 나무나 고사되어 구멍이 난 나무는 즉시 없애야 한다.[20] 생에 대한 기운과 사(死)에 대한 기운은 엄연히 다르다. 죽은 식물의 방치는 좋은 기운이 될 수 없다. 철거가 답이다. 특히 괴이하다고 하면서

---

20 애신각라 유한, 김성훈 옮김, 『위험한 풍수』, 성안당, 2024, p.69.

목혈(木穴)이 있는 나무를 정원에 심는 우를 범해서는 곤란하다.

⑧ 분재 및 기생식물

집 안에 분재로 된 나무는 식재를 금한다. 나무는 제대로 클 수 있도록 하는 것이 자연의 이치다. 이에 비해 분재는 아름답게 하는 데 첫째 목적이 있다. 그렇게 하려면 크지 못하도록 하고 철사를 이용하여 빌빌 꼬이기도 하는데, 이렇게 하면 자체적으로 크는 것이 아니라 사람에 의해 가(假) 아름답게 하는 이율배반적인 모양이 된다. 크는 아이들에게는 정상적인 감성 발달을 기대할 수 없다. 따라서 분재는 가정의 뜰에는 심지 말아야 한다.

기생식물(寄生植物)인 능소화는 죽은 나무를 타고 올라가면서 크는 식물로, 꽃은 화려하나 다른 나무에 기생하므로 정원에서 키우는 것은 보는 사람으로 하여금, 남의 피를 빨아먹는 사람처럼 인식되므로 좋지 않다. 따라서 기생식물은 정원에 식재해서는 안 된다.

⑨ 협죽도(유도화) 식재 금지

협죽도(夾竹桃)는 유도화(柳桃花)라고도 하는데 꽃이 화려하다. 하지만 아무리 꽃이 화려해도 줄기 잎 등에 독이 있다. 무려 청산가리의 6,000배에 해당하는 독성물질이 있는 식물이다. 어린이집이나 가정에서는 금물이다. 옻나무, 은행, 호도 등도 마찬가지로 사람에 따라 독성이나 알레르기가 있을 수 있으므로 정원에 심는 것은 조심해야 한다.

⑩ 잘린(두목 작업) 행운목

행운목이 좋다고 하여 가정에서 많이 키우는데, 보기가 좋지 않다. 나무를 자른 것이 눈에 거슬린다. 특히 두목 작업이 된 것은 전쟁에서 칼싸움하는 것처럼, 사람의 목이 연상되므로 잘린 행운목 등의 비치는 삼가는 것이 교육적인 차원에서도, 시각적인 차원에서도 좋을 것이 없다.

⑪ 백일홍

백일홍은 묘지에 많이 심어진 나무다. 제주도에서는 죽은 곳에 심는 나무로 집에서는 심지 않는다고 한다. 이외에도 측백이나 향나무 등이 있으므로 생각을 정리하여 수종을 선택해야 할 것이다. 소나무는 상당히 긍정적이다. 일부러 심은 나무가 아니라 자연 속에 있는 나무라서 죽은 곳에 있는 뜻으로도 생각되지 않는다. 따라서 소나무는 묘지에 심어도 된다.

⑫ 돌

돌(巖)은 정원에 사용하는 좋은 조경석이다. 그러나 모양보다는 앞과 뒤를 보고 설치해야 한다. 정원 앞에 놓을 때, 대청마루에서 보는 경우 앞이 되도록 놓아야 한다. 즉 안아 주는 형상으로 설치되어야 그 집이 호응을 받게 될 것이며 나무도 마찬가지로 응해 주는 모양으로 설치하여야 한다. 특히 이들은 음양의 원리로 이해해야 할 것이다.

돌에 대한 수리적인 조건은 절대향이 자연향이라면 앞에는 2개나 7개로, 집 뒤에는 1개나 6개로, 좌는 3개나 8개로, 우측에는 4개나 9개로 설치하면 좋을 것이다. 이는 오색에 의한 수리 5행으로 '좋은 것은 좋은 것이여'라는 말이 있듯이 으뜸이라는 말과 상통한다. 이왕이면 다홍치마라 말한 것처럼, 좋게 해석하면 긍정적일 것이다.

⑬ 5감 적용

5감을 적절히 활용하여 심거나 설치하면 의미가 배가될 것이다. 그렇게 힘이 드는 것이 아니기 때문에 시도해 보는 것이 좋을 것이다. 보는 즐거움인 시각은 5감 중에 가장 큰 작용이다. 집 안에서의 차경은 우리 전통 조경에서 뺄 수 없는 것으로 빌려 온 경치다. 4계절 꽃이 피는 수종을 찾아 집 주변에 심어 눈요기가 되도록 하는 조경이 되었으면 한다.

대추나무의 열매, 감나무의 감, 모과나무 등 과일은 보기가 그저 그만이며 실용적이므로 여야(與野)의 피아(彼我)를 버나 정서적으로도 상당히 좋다. 특히 감나무는 감의 속과 겉이 같은 색깔로 절개를 상징하므로 사대부들이 즐겨하였으며, 집 주변에 심기도 하지만 먹을 수 있어 실용적인 과실수로도 적격이다.

또 부드럽고 작은 소리는 주변을 오히려 조용하게 만들어 준다. 청각은 사찰의 처마 등에 있는 종소리 등은 정겹기도 하지만 악귀를 물리치는 역할도 한다는 의미가 있다. 겨울철 사찰의 풍경 소리는 단아(單芽)하면서도 정겹다. 이처럼 물소리나 새소리 등은 우리의 정서를

맑게 하는 아주 중요한 역할로 자연의 소리가 된다.[21]

특히 물소리의 정도는 물이 담긴 기기를 활용하여 직접 물을 부어 보아 소리를 측정하는 정도 이상의 노력이 있어야 할 것이다. 물론 다른 시설의 설치도 마찬가지로 심혈을 기울이는 노력을 반드시 수반하여야 올바른 기운이 깃드는 집이 완성될 것이다. 특히 책 읽기를 할 때는 아주 조용한 소리가 도움이 된다.

잠깐 조금 차원이 다른 말을 하여야 할 것 같다. 세상에서 가장 좋은 5가지 소리가 있다고 알려져 있다. 첫째는 논에 물 들어오는 소리다. 가물어 논이 타들어 가 거북이 등과 같이 논이 갈라져 있는 곳에 물이 들어가는 소리는 가만히 있어도 배가 부른 소리다. 둘째, 아기가 우는 소리다. 지금의 세상에서 인구가 점점 줄어든다. 시골에는 초등학교가 폐교되고, 시내권에는 산부인과가 문을 닫는 시대가 도래하고 있는 이때, 아기의 울음소리는 듣기가 어느 것 하나 못지않게 반갑다. 셋째, 자식이 밥 먹는 소리다. 시골에서 식량의 부족으로 힘들어할 때 자식이 밥을 먹고 있는 소리는 참 반가운 소리다. 넷째, 손자가 글 읽는 소리다. 이는 문향의 소리로 지금의 시대에 딱 맞는 말이다. 한강 작가가 노벨문학상을 받은 것처럼 누구에게나 제삼자가 들어도 반가운 소리다. 다섯째는 가정사에 있어 좋은 일로 가족들의 웃음소리다. 앞에서 언급한 것처럼 한강 작가뿐 아니라 즐겁고 좋은 경사는 우리에게 웃음과 기쁨의 소리를 선사하며, 좋은 소리는 우리에게 행복과 건강한 기운을 선물한다.

21 애신각라 유한, 김성훈 옮김, 『위험한 풍수』, 성안당, 2024, p.153.

다시 본론으로 돌아와, 향기로운 향내가 나는 식물을 심어 후각에 대한 효과를 높이면 좋을 것이다. 박하, 들깨, 라일락, 천리향, 백리향, 꽃 댕강, 당귀 등의 우리 재래종 식물을 집 주변에 심으면 후각과 미각에 긍정적이면서도 이중적인 효과를 나타내어 주므로 일석이조(一石二鳥)가 될 것이다. 향기는 주변의 공기를 정화해 주는 역할도 된다. 잠을 잘 때 아로마 향 등은 숙면에 도움이 될 것이다. 특히 백단향은 향기가 아주 좋다.[22] 산속의 피톤치드는 최고의 휴양이 된다. 따라서 피톤치드를 많이 내는 편백나무는 향기도 좋으므로 소나무와 같이 집 주변에 심는 것도 하나의 방법이 될 수 있다.

먹는 것은 곡기(穀氣)다. 미각은 먹기가 달콤해야 부담되지 않는다. 더덕, 도라지, 하늘마, 엄나무, 박하, 들깻잎 등을 먹어도 좋다. 박하와 비슷한 방아잎은 사찰에선 추억의 향기로 알려져 있으므로 심어서 활용하면 좋을 듯하다. 옻나무 순도 즐기는 사람이 있다. 하지만 집 주변에 심으면 옻을 타는 경우가 있으므로 주의가 요구된다.

또한 손으로 만져 부드러운 식불을 심어야 할 것이다. 속삭은 앞에서 언급했듯이 가시나 그늘을 만든다고 하여 빌빌 꼬이는 식물(칡과 등나무)은 심지 말아야 할 것이다.

(2) 전기와 수도 시설 전무

전기는 양이온을 가지고 있다. 수도는 땅의 지표면을 훼손해야 한다. 이러한 피해가 있다면 곤란하다. 특히 잠을 자는 집이나 방에서

---

22 앞의 책, p.152

는 피해가 우려되는 지형지물의 설치는 금해야 한다. 잠을 자는 데에 있어서 불필요한 시설들이다. 물론 전기와 수도는 생활 전반에 필요하지만, 잠자는 곳에서는 좋지 않기 때문이다.

10. 구들 놓기

집짓기의 10간은 구들 놓기이다. 그들의 주(主)는 불이다. 불은 습기를 제거하고, 나무뿌리 등을 태우며, 바람이 들어오는 찬 공기를 중화시키며 쥐나 동물들의 출입을 방지하므로 집의 입구 쪽에 조그마한 아궁이를 설치하는 것이 좋다. 특히 겨울철에는 효과적이지만 장마철인 여름철에도 간혹 불을 피워 습기 등을 없애 주어야 한다. 추운 겨울철 우리 한국 사람들의 덕복은 따뜻한 아랫목에 허리를 지지는 낙이다. 이 맛을 아는 사람은 보일러는 공짜로 설치해 준다고 해도 하지 않는 고향의 진짜 맛(面目)을 가지고 있다. 이처럼 화목 구들은 우리 인류가 만들고 탄생시킨 세계적인 걸작품이다.

(1) 두한족열

머리는 차갑게 하고 발을 따뜻하게 하는 우리나라의 건강법이 두한족열(頭寒足熱)이다.[23] 이를 위한 해결책으로 아랫목은 따뜻하게 하

---

23 『동의보감』, 『조선왕조실록』 등에 언급되어 있다.

고 윗목은 차갑게 하는 방법의 화목 구들이 있다. 화목은 자원 낭비 차원에서도 이득이며, 이산화탄소의 배출을 적게 해 주는 역할을 하므로 이중적인 효과가 있다. 구들을 설치해야만 건강도 찾을 수 있다. 다만, 부엌의 위치는 건물의 하단부에 설치해야 한다.

구들은 장점이 많다. 불을 사용하므로 물의 피해, 바람의 피해, 벌레나 쥐 뱀, 나무뿌리 접근 등 6렴(癩, 廉)의 피해를 없앨 수 있다. 따라서 능선에서 내려오는 평탄지에 집을 짓되 집 하단부에 부엌을 만들어야 한다. 두한족열은 우리 인간에게 가장 적절한 건강 수단으로, 화목에 의한 구들이 가장 적절하다. 아랫목은 발을 놓는 곳으로 따뜻하게 되며, 윗목은 차가운 냉기로 머리를 시원하게 하는 것으로 구들의 속성이 우리 건강과 가장 맞는 난방의 원리다.

화목은 옛날처럼 어렵게 구해지는 것이 아니므로 조그마한 노력만 하면 쉽게 구할 수 있는 재료이다. 돈도 그렇게 많이 들어가지 않으므로 구들을 놓는 방법이 강구되어야 할 것이다. 화목의 구들은 등 따시고 배부른 일석이조(一石二鳥)의 작품으로 아주 좋다. 추운 겨울철 우리의 건강을 지키는 방법 중에 화목만큼의 작품이 없는 그저 그만인 집에 관한 기술이다.

(2) 보일러 제한

보일러에는 화목으로 하는 보일러, 전기보일러, 가스보일러, 전기패널, 전기장판, 화로 등이 있다. 이들은 등을 굽는 우리들의 문화와는 다르다. 우리에게는 두한족열로 머리는 차게 하고 발은 따뜻하게 하는 우리 민족만의 건강법이 있다. 이를 무시한 난로나 보일러는 수맥으로 인한 수면 부족이 이유다.

난로는 방 안의 위(上)를 따뜻하게 한다. 보일러는 물이 방 밑으로 지나간다. 물 위에서 우리는 잠을 자지만 무지인 관계로 잊고 지낸다. 방 밑에 물이 지나가는 것을 알면서도 무시해 버리는 꼴이다. 수맥이 흐르면 음의 기운이 강해져 인체의 에너지 균형을 무너뜨리며 깊은 잠을 자기도 곤란해진다. 이렇게 되면 다음 날 일의 진행에 차질이 생겨 대열에서 낙오자가 될 수도 있으며, 운전 등으로 인한 사고도 염려된다.

이러한 차원에서 잠을 자는 곳에서는 화목 보일러가 아니라 화목 구들을 놓아 몸을 데우는 것이 최고 최상의 방법이다. 물론 이산화탄소나 일산화탄소의 염려는 있지만 말이다. 일산화탄소나 이산화탄소는 연소를 시키면 배출되지 않으므로 30분 정도 불을 다 피우고 마무리한 다음에 잠을 청해야 할 것이다. 간혹 임간(林間)의 하우스에서 잠을 자다가 변을 당하는 경우가 있는데, 곧장 불을 피우고 잠을 자서 그렇게 화를 당하는 경우가 있으니 불 피우기를 종료하고 30분이 지난 다음에 잠을 청하는 여유나 지혜가 있어야 할 것이다. 오직 화목 구들이 최고다.

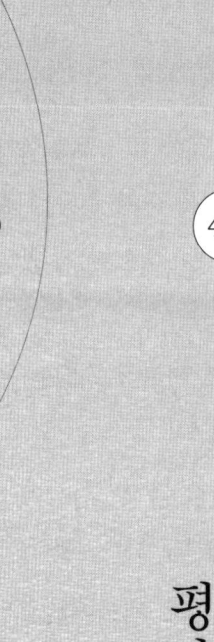

4장

집(양택) 풍수

평가 바로잡기

우리나라의 집들에 대해서 풍수인의 대다수는 상당히 긍정적이다. 좋은 집 또는 명당가로 자자하게 설명된다. 유명인이나 돈이 많거나 계급이 높으면 그 집을 호평한다. 이에 대해 필자는 부정적이다. 풍수인의 한 사람으로서 과연 이러한 집들이 상당히 많은 관심을 갖는 모범직인 집이 될 수 있을까 하는 생각이나. 앞에서 언급한 바와 같이 묘지든 집이든 좋은 자리 즉 혈로 판단하고 있는 데에 대한 의문이다.

첫째, 집은 면적이 큼에도 불구하고 묘지(혈)는 상대적으로 작다. 둘째, 집과 묘지는 4신사로 주변 장치를 삼고자 했다. 셋째, 집(양택) 3간법에 대한 개념은 왜 필요한가에 대한 의문으로 집에 대해서 분석했다. 아래 예시는 랜덤식으로 확인했다. 대구 경북을 중심으로 연구한 것으로, 부정적인 부분에 대해서만 평가했다. 특히 배산임수가 중시되는 만큼 이 부분을 중점적으로 분석할 것이다.

1. 다산초당

정약용이 유배되어 은거하면서 책을 저술한 곳이 다산초당이다. 이곳은 배산에 위배된다. 집 뒤가 골짜기로 배산이 아니다. 그러나 집의 규모는 크지 않고 작다. 그렇다고 하여 배산이 아닌 곳에 초당을 지어서는 곤란하다. 능력이 있는 사람이라도 건강을 위하거나 장수를 위한 행복을 원한다면 배산이 되는 곳에 집을 지어야 할 것이다. 즉, 능선의 맥을 타고 내려오는 곳에 집을 지었다면 상당히 좋은 다산초당이 되었을 것으로 생각된다.

〔그림〕 다산초당의 견취도

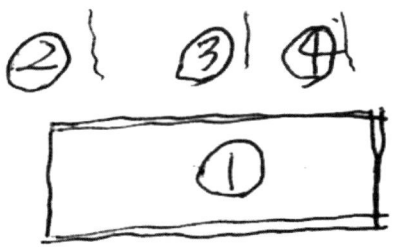

①은 초당인데 기와집이다. ②, ③, ④는 작은 골짜기로 측산이다.

현재 다산초당의 지붕은 초가로 되어 있지 않고 기와로 되어 있어 이미지상으로는 좋지 못하다. 관리인의 말에 의하면, 볏단을 이용해서 이엉을 잇는 것이 보통 어려운 일이 아니라고 하는데 조금은 이해가 되지 않는다.

4장 집(양택) 풍수 평가 바로잡기

2. 박정희 전 대통령 생가

　박정희 전 대통령 생가는 첫째, 배산임수에 의한 건물이 아니라 건물 뒤가 허공이다. 허공은 비어 있는 공간으로 산에서 밀어주는 의지와 물의 피해를 줄일 수 없다. 풍수지리의 기운 여와 부를 떠나 생각해 볼 수 있다. 의자와 비교해 보면 이해가 될 것이다. 등이 없는 의자는 어떤가? 불안하고 안전하지 못하며 위험성이 항상 상존한다. 특히 어린이나 옹(翁)들이 자리에 앉는 경우, 그에 대한 걱정거리가 될 것이다. 집도 마찬가지로 뒤가 있어야 안전하다. 이게 풍수지리에서 의미하는 배산이 되는 조건이다.

　둘째는 잠자리이다. 대통령의 책상이 있는 곳에서 잠자리 설명이다. 이곳에서는 옆의 산에서 내려오는 맥을 보고 머리를 두어야 제대로의 잠자리가 된다. 그 방향이 배산이 되기 때문이다. 따라서 집이 상대향으로 이루어지더라도 차선책으로 머리는 배산을 두고 자야만 된다. 이것이 문 · 주 · 조의 주인 안방에 대한 사람의 무의식에 대한 지침이다.

　이상의 그림에서 보는 바와 같이 이 생가는 자연향이 아니라 상대향의 개념으로 틀어서 지어진 건물이다. 출입문도 마찬가지로 그림의 ③처럼 되어 있다. 또한 혈이면 묘지가 답인데 생가를 지음으로써 기본에 어긋난다. 따라서 이곳 생가는 자연향에 의한 배산임수가 아니다.

〔그림〕박정희 전 대통령 생가의 견취도

①은 곡맥 ②는 생가 ③은 줄입문

3. 전두환 전 대통령 생가

이곳은 집의 구조로는 아주 잘된 곳이다. 첫째, 배산임수가 된 곳으로 집 뒤에서 내려오는 산줄기의 힘을 받는다. 임수는 자연스럽다. 집 앞의 도로 건너에는 논으로 이루어진 평전수(平田水)로 그 자체가 임수다. 배산임수의 전형적인 집이 되는 곳이다.

둘째, 전저가 된다. 주된 건물은 높고 부속 건물은 낮다. 뒷산에서 내려오는 산줄기에 평탄면으로 구성된 위치에 전저후고의 건축이 된 곳이다.

셋째, 전착후관으로 이루어진 집이다. 대문이 담 안으로 들어가게 지어진 집으로 요(凹)로 만들어진 건물이다. 전 전 대통령의 부친이 철학을 하는 것으로 이해되는 만큼 풍수지리적인 안목을 가진 것으로 이해된다. 참으로 잘 구성된 양택의 집이 바로 이곳이다.

[그림] 전두환 전대통령의 견취도

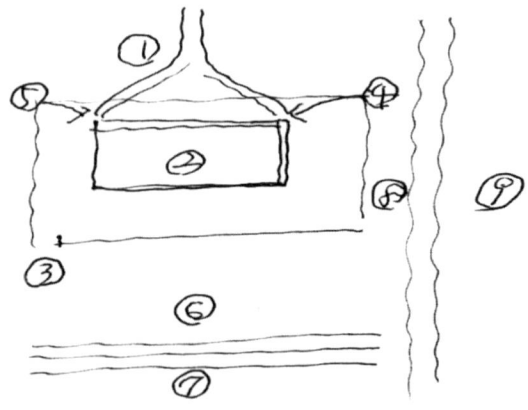

①은 입수맥 ②는 생가 ③은 출입문으로 바로 앞이 진출입로이다. ④는 좌측의 암석 ⑤는 우측의 암석 ⑥은 답 ⑦은 물길 ⑧은 도로 ⑨는 강

이상의 그림에서 보는 바와 같이 집의 3간법에 맞추어 지어졌다는 것이 특징이다. 배산임수와 전저후고, 전착후관에 맞추어 지어진 전형적인 건물이다. 특히 내려오는 산의 평탄지에 지어진 배산임수로

된 법칙이 특징이다. 더군다나 신의 한 수[1]로 설명되는 것이 이 집에 있다. 그것은 바로 물을 거수하는 방법의 기초다.

③의 출입문 도로에서 보면, ②의 생가가 ⑥과 ⑦의 답(畓)이나 골짜기 물이 하류로 내려오면서 넓어지는 현상이 된다. 필자가 설명하기 전까지는 ③의 출입문에서 보면 집과 집 앞의 도로가 평행선을 이룬다. 그러나 자세히 살피면 좌측의 지붕선이 우측의 지붕선보다 길(道路) 쪽으로 가깝게 건축되었다. 물을 많이 먹(보)기 위한 것으로 득수의 개념이 잔뜩 들어가 있다. 이것이 이 집을 짓는 데에 있어서 풍수적 '신의 한 수(神之一數)'가 아닌가 한다.

이러한 설명을 하지 않으면 평행되게 보인다. 현장에서 이를 감수(분석)하는 것이 풍수의 대원칙이다.

4. 노태우 전 대통령 생가

노태우 전 대통령의 생가에 대한 평가를 해 보자면 첫째, 자연향에 대한 잘못된 배치다. 본체 건물의 뒤가 거지중천(居之中天)의 허공(虛空)이다. 허공은 배산의 의미와는 일치하지 않으며, 배산임수는 집에서 가장 중요하게 다루는 개념이다. 안전과 물의 피해를 예방하

---

1 참말인지 거짓인지는 알 수 없다. 전 대통령의 부(夫)가 철학을 했다는 것 말이다. 이를 긍정적으로 본다는 시각이 다수다.

는 기운이 없기 때문이다. 허공은 말 그대로 헛것으로, 아무것도 없는 비어 있는 공간이다. 앞만 보고 지어진 건물로 문제가 있다. 전망이 좋고 일자문성으로 된 산이 보이는 곳으로 향을 한 것이다. 이 자체가 잘못된 것이며 남향을 한 것으로 상당한 우(愚)를 범한 것으로 이해된다.

둘째, 혈인 양 치부하는 경향이 강하다. 물론 필자도 혈로 판단한 바 있지만 그 당시에는 대통령의 배출 이유를 찾는 『대통령 풍수 혈로 말하다』의 서책에서의 주장이다. 그러나 혈의 정의는 지하로 무덤이 사용처이다. 지상인 집에서는 이루어질 수 없는 구조다.

셋째, 혈은 조직이 있는데 지상에서 집을 건축함으로 그 조직체가 깨어지는 문제가 있다. 이러한 행위는 손해의 정도가 크다. 따라서 혈이 된 곳에 대해서는 건물의 신축은 금해야 한다는 교훈적 개념의 자리가 된 것으로 이해된다.

넷째, 양택 3요에서 가장 중요시한 잠자리이다. 노태우 전 대통령의 생가 건물 본체 좌측 편에 바위가 있다. 입혈맥의 형태로 진행하는 종선의 바위 모습들이 여러 개 있다. 이는 배산의 징조물이다. 이들 바위 옆에 있는 방이 주목된다. 잠자리는 지금 건물의 앞을 보고 자는 것이 아니라 바위를 보고 머리를 두는 방향으로의 잠자리가 되어야 할 것이다. 이렇게 자는 잠자리가 배산으로 한 잠자리가 된다. 이런고로 이 주택에서의 잠자리는 해결될 것이다.[2] 그러나 지금의 자리 향은 상대향으로 풍수상 자연향의 위배다.

---

2 이재영, 『다시 보는 대통령, 풍수 혈로 말하다』, 책과나무, 2024.

〔그림〕 노태우 전 대통령의 생가 견취도

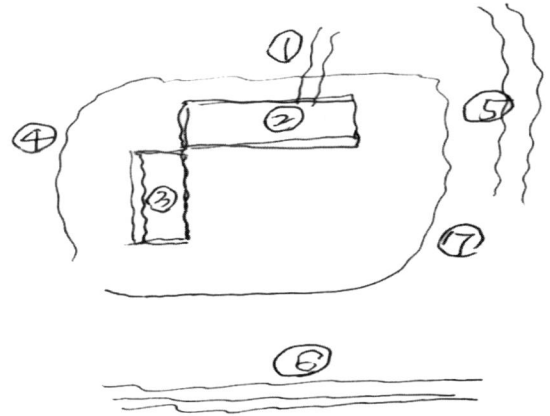

①은 입수맥 ②는 생가 ③은 부속 건물 ④와 ⑦은 울타리 ⑤는 좌산 ⑥은 앞산

5. 김영삼 전 대통령 생가

김영삼 전 대통령의 생가는 배산임수와 전저후고 그리고 전착후관
이 완성된 집이다. 배산은 뒷산 언덕의 맥이 들어오는 곳, 내려오는
마지막 산진처에 있다. 다만 평탄지에 대해서는 의문이다. 집의 뒤
는 절벽으로 되어 있는 것으로 보여 일부 절개를 한 것이다. 이는 면
적을 확보하기 위한 것으로 집을 조금이나마 크게 조성하고자 하는
것으로 이해된다. 즉, 일편(一片)의 땅이 아니라 더 크게 확장한 것으
로 보인다.

4장 집(양택) 풍수 평가 바로잡기

둘째, 전저후고가 되는 집이다. 본 건물이 높고 물이 집 앞으로 나가는 형태다.

셋째, 전착후관이 되는 곳이다. 대문은 안으로 들어오게 하는 요(凹)한 방법으로 지었다. 따라서 이곳은 집의 3대 간법을 갖춘 곳으로 좋나.

〔그림〕 김영삼 전 대통령의 생가 견취도

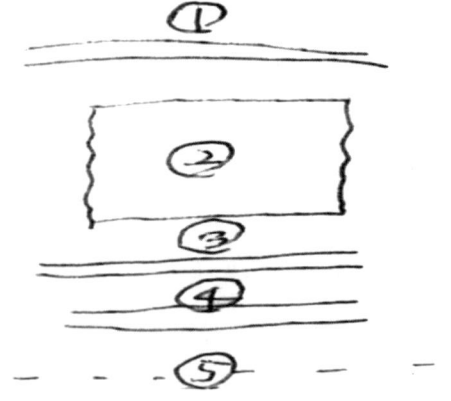

①은 절토 ②는 생가 ③은 1차 성토후 석계 ④는 2차 석계 ⑤는 물길

그림에서 보는 바와 같이 김영삼 전 대통령의 생가는 집 뒤에서는 절토로, 앞에서는 성토로 평탄 작업을 한 것이다. 또한 첨가하면 혈이라 한들 임의로 땅을 절성토로 평탄하는 것은 구멍(穴)이라는 개념

1부 집(양택) 풍수 십간십서(宅 十看十書)

에서도 의미가 없다. 따라서 이 생가는 기운의 측면에서 따진다면 정상적이지 않다. 이러한 논리로 볼 때, 이곳 생가는 대통령을 배출한 것에 대한 평가치는 의미가 퇴색된다. 양택인 집은 배산임수의 의미로 놓고 볼 때에도 좋은 현상이라고 할 수 없다.

6. 윤선도 생가

〔그림〕 윤선도 생가 견취도

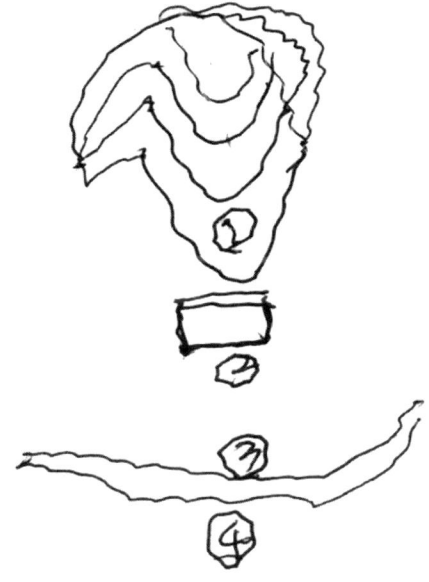

①은 뒷산 ②는 생가 ③은 바라보는 향 ④는 물길

윤선도 생가는 ㅡ자형 집이다. 울타리가 없고 대문이 없다. 다만 내려오는 산줄기에 존재하기는 하나 완경사지로 평탄이 아니다. 이러한 형태는 올바른 배산임수가 아니며, 평탄도 아니고 ㅡ자형 집으로 전저후고가 아니다. 다만 그러한 ㅡ자형 집이지만 대문이라도 낮게 소성되었다면 해석의 여지는 다를 것이다. 또한 대문이 없는 관계로 전착과 후관이 되지 않는다. 따라서 '소문난 잔치 먹을 것 없다.'는 명언처럼 이름난 만큼 집에 대해서는 풍수 논리를 인정하기가 곤란하다.

7. 선교장

인터넷 네이버상에서 선교장을 치면 30곳 이상이 뜬다. 선교장에 대한 논문도 여러 편이다. 모두 풍수상 긍정적인 답변이 주를 이룬다. 필자가 생각하는 선교장에 대한 풍수관은 사실 부담된다. 이유는 모든 풍수설이 길하다는 평가로서 이를 이해하기란 쉽지 않기 때문이다.

먼저 이곳이 '혈 자리'란 말인가에 대한 의문이다. 본 서책의 「집과 묘지의 분석표」에서 표현한 바와 같이 차이가 이만저만이 아니다. 혈은 구멍으로 땅 밑 지하에 이용된다. 그러함에도 선교장은 지상이며 그 위에 건물이 있다. 이렇게 지어도 되는지에 대한 의문투성이다. 두 번째는 혈에다 건물을 짓는다면 혈의 조직인 혈증들은 가만히 있는가? 아니다, 혈이 다 깨어져 없어져 버린다. 셋째는 혈의 크기다. 혈 크기가 그렇게 큰가? 아니다, 혈은 작다. 커 봐야 1평 미만^{3}으로 아주 작은 면적이 된다. 선교장은 99칸 건물이다. 넷째는 안방의 문제로 이곳 역시 같은 조건으로 건물이며 조직이 엉망이다. 이러한 논리로 볼 때, 선교장이 혈이라면 문제다. 혈은 건물이 아니라 묘지가 되어야 정상적이지 않을까 한다.

다음은 혈이 아니면 어떤 문제가 될까 하는 것이다. 혈이 아니고 맥선이 들어왔다면 건물이 맞다. 그러나 건물은 배산임수를 찾아서 지어야 하는데 배산임수가 될까. 골짜기로 물길이 되는 곳에 건물이 대부분 있다. 『설심부변와정해』에서 말하는 일편(一片)이 아니다. 일편은 맥선이 있어야 하는데 이곳엔 없다. 이런데도 불구하고 99칸의 대궐집이다. 다음은 전저로 건물의 앞이 낮아야 하는데, 이러한 구조가 아니다. 한마디로 뒤죽박죽으로 지어진 건물로 보인다. 세 번째는 전착이다. 이것 역시 전착의 건물이 아니다. 전착은 입구가 좁은 것을 의미하는데 그와는 정빈대의 긴물이다. 전관후착의 건물로 편성된 곳이 선교장이다.

그다음은 3요다. 3요에서 중요한 안방이 문제다. 들어오는 맥이라면 곧바로 들어와야 하는데 비스듬히 들어온다. 물론 잠을 자는 거주인에 대해서는 아는 바 없다. 하지만 통상적으로 배산이 제대로 되어야 잠을 자는 자세가 바로 될 것이다. 이에 대해서는 많은 의문이 든다. 위와 같은 의미를 품은 논리가 3요 중에 잠을 자는 안방이다.

---

3 필자의 주장이며 예시를 중심으로 집필 중이다.

4장 집(양택) 풍수 평가 바로잡기

또 다른 한 가지는 곧장 들어오는 배산일까 하는 것이다. 필자가 보는 견지에서는 올바른 배산의 형태가 아니다. 맥의 형태가 볼록렌즈처럼 생겼다. 볼록은 배부른 형태로 수두의 형태가 아니다. 오목렌즈가 되어야 올바른 모양이다. 둘째는 이 맥으로 인해 왼쪽 줄기로 가는 맥신의 지현이 밀어내는 형태나. 밀어낸나는 날은 묘노성 시삭일 가능성이 크다.

〔그림〕 선교장의 견취도

①은 뒷산 ②는 좌측 산 ③, ④, ⑤, ⑥은 선교장 ⑦은 활래정 ⑧은 우측 산

따라서 필자가 말하는 선교장은 제대로 된 바른 형태의 집이 아니다. 물론 필자만의 생각이 될 수 있지만 말이다. 이러한 논리로 볼

때, 선교장에 대한 풍수관은 이 집으로 인한 기운보다는 묘지에 대한 기운으로 풀어 보아야 할 것으로 이해된다.

8. 삼괴정

이곳은 경주의 귀래정과 같은 행정동리에 있다. 삼괴정(三槐亭)은 뒤가 산으로는 되어 있으나 작은 골짜기이며 건물의 규모 또한 크다. 이러한 배치는 배곡임수의 배치로 좋게 보이지 않는다. 또한 건물의 규모가 크므로 풍수적인 차원에서도 의미가 아주 미약하다. 따라서 삼괴정은 배산임수의 건물이 아니다.

〔그림〕 삼괴정의 견취도

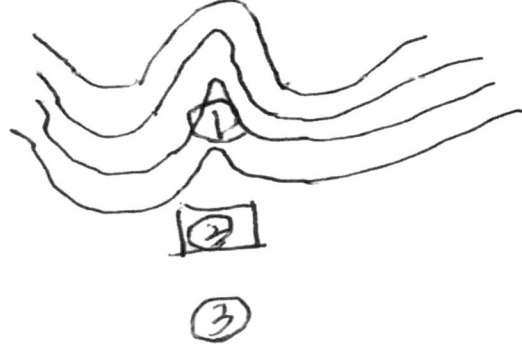

①은 골짜기 ②는 정자 ③은 임수

9. 귀래정

귀래정은 전국에 3곳 정도로 확인된다. 그곳은 순창과 경주, 안동이다.

(1) 순창의 귀래정

순창의 귀래정은 신말주가 세운 정자로, 순창군 순창읍 가남리 538-1번지에 있다. 이곳은 돌혈로 분석되는 곳에 정자가 위치한다. 그 아래에는 신경준의 생가가 있다.

〔그림〕순창 귀래정의 견취도

①은 돌혈 ②는 정자 ③은 입수 ④는 전순 ⑤는 우측 시울 ⑥은 좌측 시울 ⑦은 좌선익 ⑧은 우선익 ⑨는 뒷산 정자

상기 그림처럼 귀래정은 돌혈 자리에 정자가 올라탄 형태이지만 향이 바르지 않다. ④가 되는 전순으로 향이 되어야 하는데 ⑥이 있는 곳으로 바라보고 있다. 이러한 향은 순창읍을 바라보는 것으로 상대향이다. 전후좌우의 방향을 튼 향으로 풍수지리는 자연향이 되어야 하는데 이곳에는 상대향인 읍내를 바라보는 향이 되므로 올바른 자연향이 아니다.

두 번째는 혈의 문제다. 혈은 그림처럼 조직으로 되어 있는데, 규모가 큰 정자로 혈증이 파괴되는 것이 문제다. 따라서 혈에는 건물이 아니라 묘지가 답이다.

세 번째는 지위에 대한 것으로 건물은 지상에 있는데, 혈은 지하에 있다. 이러한 문제로 혈이 된다면 건물이 아니라 묘지로 활용되어야 올바른 풍수지리가 된다. 그러므로 이곳 귀래정은 건물로 지어서는 곤란하다.

(2) 경주의 귀래정

이 정자는 경주시 강동면 천서길 7번지에 있다. 건물의 뒤는 논이고 앞은 연못을 만든 곳으로 배산이 아니다. 즉, 배논임수의 땅으로 산이 없다. 마을의 중심부에 위치하며 풍수상 의미보다는 경(景)의 의미가 강한 건물이다.

〔그림〕 경주 귀래정의 견취도

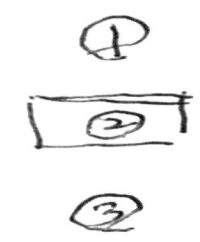

①은 답 ②는 정자 ③은 연못

(3) 안동의 귀래정

위치는 안동시 정상동 옹정골길 19-8번지에 있다. 이곳의 정자는 앞은 물이지만 뒤가 골짜기이다. 배곡임수로 풍수상 문제가 있다. 하지만 안동댐 물길의 레벨이 낮아 보기는 좋다. 그렇다고 해도 배산은 아니나. 뒤가 골싸기이기 때문에 건물을 바르게 짓기란 어려움이 있다. 따라서 안동의 귀래정은 기회가 된다면 이건해서 다시 이축하는 것이 더 좋을 것이다.

〔그림〕 안동 귀래정의 견취도

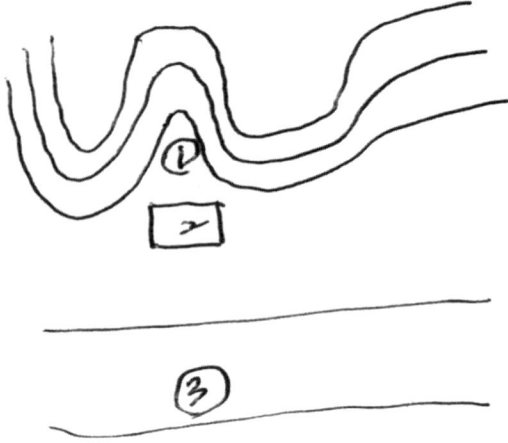

①은 골짜기 ②는 정자 ③은 안동댐 물

10. 도산서당

도산서당은 이름이 좋아서 그런지는 몰라도 전국에 5곳이 확인된다. 이들은 안동, 고창, 합천, 대전, 성주 등에 있다.

(1) 안동 도산서당

안동의 도산서당은 도산면 도산서원 안에 있다. 이곳의 서당은 골짜기에 위치한 관계로 물 처리가 어렵다. 배산임수처럼 지어져 있지만 골짜기로 되어 있어 배곡임수로 된 건물이다. 주변에는 서당보단 도산서원으로 알려져 있고, 그 속 좌측 편 쪽에 위치하는 것으로 원래는 서당으로 시작된 것으로 확인된다.

〔그림〕 안동 도산서당의 견취도

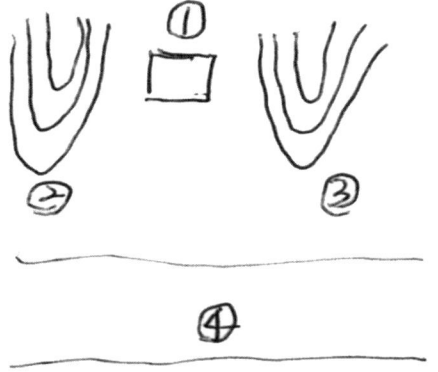

①은 서당 ②는 우측 산 ③은 좌측 산 ④는 댐

그러나 대문이 3곳으로 기운이 분산되는 문제와 배산이 아니란 것이 문제다. 보기에는 그럴듯하지만, 현미경적으로 보면 이러한 미세한 부분이 보인다. 따라서 이 서당은 풍수상 좋게 평가되는 곳은 아니다.

(2) 고창 도산서당

고창의 도산서당은 전라북도 고창군 고창읍 도산1길 4번지에 위치하며, 이곳의 서당 뒤는 논과 못으로 이루어진 곳으로 배연임수로 되어 있어 배산임수가 아니다. 앞에도 논으로 되어 있는 곳이며 풍수상으로 문제가 많다. 따라서 물이 많은 곳인데도 불구하고 서당 뒤를 못으로 만드는 우를 범한 곳으로 문제가 있다.

〔그림〕 고창 도산서당의 견취도

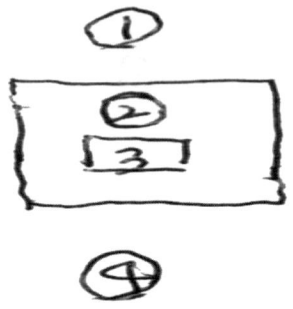

①은 답(畓) ②는 연못 ③은 서당 ④는 답

(3) 합천 도산서당

합천의 도산서당은 가좌면 황매산로 205-10번지에 있다. 이곳 서당의 뒤가 골짜기로 문제다. 2단으로 단을 조성하여 강제적으로 평탄 작업을 한 곳이며, 앞에도 경사가 급한 관계로 주차 공간 자체도 없다. 이러한 문제점으로 미루어 볼 때, 집은 일편의 땅이란 것에 대한 논리에서 적정한 곳이 아니다. 따라서 합천의 도산서당은 배산임수가 아니다.

〔그림〕 합천 도산서당의 견취도

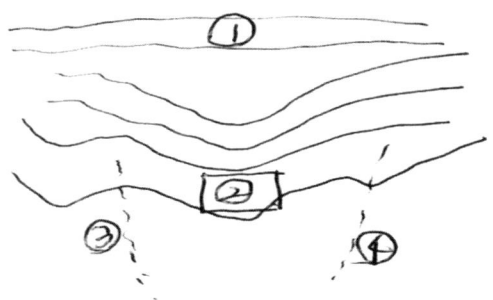

①은 능선 ②는 서당 ③과 ④는 계곡부

(4) 대전 도산서당

대전의 도산서당은 대전시 서구 도솔로 457-11번지(탄방동)에 있다. 입간판에는 도산서원으로 되어 있으나 인터넷상으로는 서당으로 되어 있다. 이곳은 골짜기에 위치한 서당으로 배곡임수의 건물이다. 또한 건물의 규모가 너무 커서 서원의 영역처럼 보인다. 대전 시내에 자리를 잡은 서당으로, 지금도 활용되는 것으로 보인다. 따라서 배산임수가 되어야 함에도 이곳은 골짜기로 되어 있어 양택 3간으로 볼 때 그 기준에 대단히 미흡하게 보이는 곳이다.

〔그림〕 대전 도산서당의 견취도

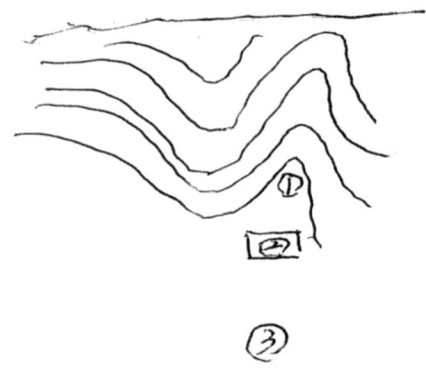

①은 골짜기 ②는 서당 ③과 대전 서구의 시내

(5) 성주 도산서당

성주의 도산서당은 산남면에 위치해 있으며, 같은 마을에 똑같은 이름으로 된 서당이 2개 존재하는 특이한 곳이다. 앞에 있는 서당은 마을의 중심지에 있으나 골짜기에 위치하며, 뒤편에 있는 도산서당은 산의 측면에 위치하는 것으로 측산이 된다. 이러한 배치는 배산이 아닌 측산으로 된 임수다. 따라서 이 두 곳 모두 배산임수의 법에는 어울리지 못한 서당으로 평가된다.

〔그림〕 성주 도산서당의 견취도

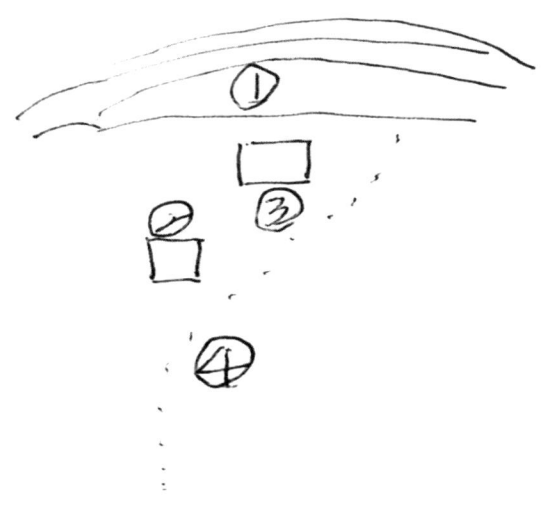

①은 산 ②는 앞에 있는 서당 ③은 뒤편 서당 ④는 물길이며 마을

위의 그림처럼 마을의 중심지에 있으나 두 곳 모두 골짜기 또는 측산으로 배산의 의미가 없다.

11. 이응노의 집

이응노는 화가로 잘 알려진 인물이다. 생가는 나중에 복원한 건물이다. 이 건물은 멀리서 보면 배산임수로 보이나 생가 뒤를 돌아보면 그림처럼 배산이 아닌 배곡임수(背谷臨水)로 되어 있다. 집 뒤가 골짜기로 물의 피해가 예상되는 곳이다. 결과론적이지만 화가라는 직업이 외골수가 많다는 말이 거짓말은 아닌 듯하다.[4]

따라서 유명한 화가인 만큼 집에 대한 풍수적인 잣대와는 병행이 아닌 듯한 집의 모습이다.

〔그림〕 이응노의 집 견취도

①은 생가 ②는 부속 건물 ③은 골짜기 ④는 용맥 ⑤는 우측 맥

---

4 화가는 집착이 너무 강하므로 그림 그리는 것 이외에는 생각을 안 한다는 말로 전해지는데, 집의 뒤가 골짜기든 배산이 되든지 간에 상관하지 않는다는 의미로 이해된다.

12. 신경준의 생가

　신경준의 생가는 전라북도 순창군 순창읍 남산길 32-3번지에 위치하며 귀래정 아래 진입로에 있다. 이곳 역시 유명인의 생가는 제대로 된 건물일 거라 생각하지만, 그렇지 않은 곳으로 이해된다. 건물의 뒤가 그림처럼 골짜기, 즉 배산이 아닌 배곡(背谷)으로 되어 있는 배곡임수다. 이러한 곳은 다른 여러 곳에서 보는 바와 같이 배곡이라는 공통점이 보인다. 배산이 되어야 3간에서 주장되는 것으로의 다음 단계인 전저후고와 전착후관의 개념이 주입된다고 볼 수 있는데, 이곳은 배산이 아니므로 풍수상 의미는 미약하다.

〔그림〕 신경준의 생가 견취도

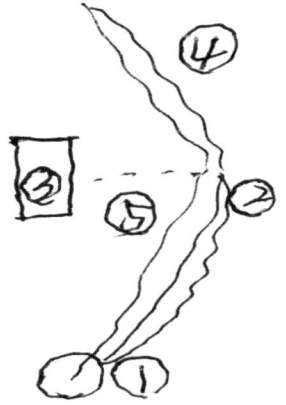

①은 정자 ②는 근래의 정자 ③은 생가 ④는 오는 맥 ⑤는 골짜기

　　　　　　　　　4장　집(양택) 풍수 평가 바로잡기

뒤가 골짜기가 되면, 잠을 자야 하는 곳에서는 골짜기의 바람이나 물을 만난다. 이처럼 골짜기는 물 피해나 바람의 피해가 예상되며, 이러할 경우 머리나 신체의 해가 염려된다. 따라서 이곳에서의 잠자리는 여러 가지로 볼 때 불리한 조건에서 이루어진다고 할 것이다.

13. 김병로 초대 대법원장의 생가

초대 대법원장의 생가는 낙덕정으로부터 가까우며, 순창군 복흥면 하리 519에 위치한다. 이곳 역시 다른 집과 아주 유사하지만 집은 양택 3간법에서 가장 중요하게 다루는 배산임수의 여부다. 내려오다가 일시적으로 멈춘 일편의 능선이어야 배산이 되는데 이곳은 근저 아래에 있다. 앞이 논으로 되어 있어 물과 바로 접해 있으며, 집의 등 뒤가 배산처럼 보이지만 배산이 될 수 없을 뿐만 아니라 바로 뒤가 골짜기다. 유심히 뒤를 살펴보면 나무가 서 있는 사이사이로 작은 골짜기가 보이는데, 비가 내리면 물길이 형성된다. 이러한 지형은 배산이 아니라 골짜기로 배곡이다. 즉 배곡임수의 건물로 판단되며 법성(法聖)으로 알려진 만큼, 또는 풍수인[5]의 한 사람으로의 소문인 양 살펴보아도 이해가 어렵다. 이 생가는 보기는 그러할 듯하지만, 분

---

5 조상에 대한 풍수적 식견이 많은 것으로 알려진 인물이다. 초대 대법원장으로 법성이란 칭호도 따라붙는 법조인이다.

명 배산임수의 건물이 아니다.

〔그림〕 초대 대법원장의 생가 견취도

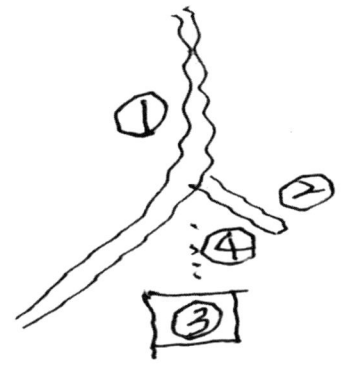

①은 용맥 ②는 우측 지각 ③은 생가 ④는 작은 골짜기

14. 도시복 생가

도시복 생가는 경상북도 예천군 상리면 용두리 313번지에 있다. 이곳은 효(孝) 마을로 지정된 곳이며, 겨울철에 수박 등을 부모에게 해 드리기 위해 호랑이를 타고 다닌 효자마을로 이름난 곳이다. 이곳 생가는 측산에 위치하므로 배산이 아닌 측산이 되나, 효자의 효스러 움을 달래 주는 생가가 되었으면 했다. 하지만 생가는 아름답지 못했

다. 물가 계곡부의 측산에 위치하여 건물의 안은 습기가 많이 찬 형태가 보이며, 이로 인해 풍수상 좋은 자리가 아닌 것으로 평가된다. 따라서 효자 도시복의 생가는 배산임수의 집이 아니다.

[그림] 도시복의 생가 견취도

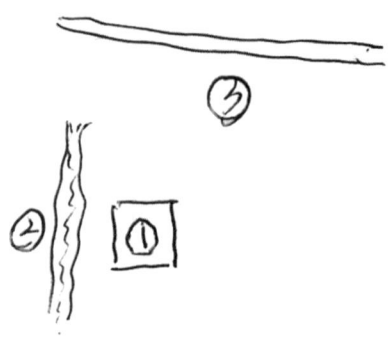

①은 생가 ②는 골짜기 ③은 용맥

15. 낙덕정

낙덕정은 가인이 정자에서 한때 공부한 곳으로, 순창군 복흥면 상송리 49-1번지에 있다. 이곳은 전형적인 돌혈로 되어 있다. 다만 혈판을 평탄 작업을 하므로 지표면이 많이 낮아진 흔적이 엿보인다. 문제는 혈에다 건물을 지었다는 것이다. 혈은 면적이 작고, 지하가 활용되며 또한 조직이 있다. 이러한 논리 속에 그러한 곳에 집을 짓는다는 것은 풍수 논리상 잘못된 것이다. 하지만 현장에는 엄연히 건물인 정자가 들어서 있다.

〔그림〕 낙덕정의 견취도

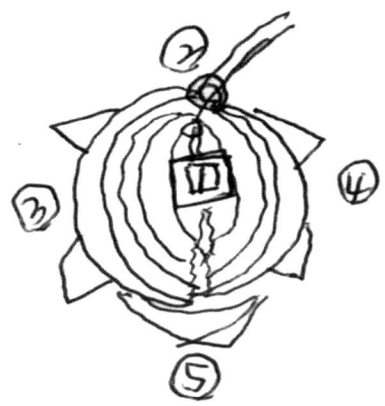

①은 돌혈이며 정자 ②는 입수 ③은 현침으로 서익 ④는 우측의 현침 ⑤는 저수이며 그 주변은 관성

16. 청암정

이 정자는 봉화 유곡 닭실마을에 있다. 주변이 물로 둘러싸인 곳으로 암석이 존재한다. 거북 모양으로 이루어진 돌판 위에 건축된 정자

가 청암정이다. 주변이 물로 되어 있다면 기운의 전달 경로는 미약하다. 따라서 풍수적인 의미보단 경치적인 의미가 강한 곳이다. 또한 배산임수적인 의미가 많이 퇴색되므로 이로 인한 풍수적 해석은 의미가 미미하다고 본다.

〔그림〕청암정의 견취도

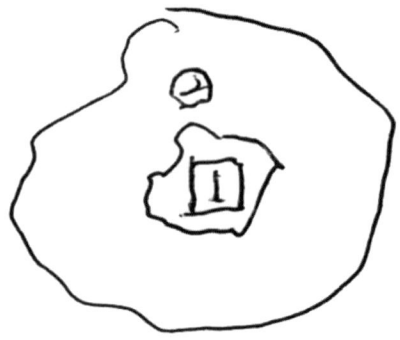

①은 정자 ②는 물

17. 서석지

서석지는 영양 입암에 있으며 우리나라 3대 민간 정원으로 알려져 있다. 이곳은 골짜기에서 흘러오는 물을 가두어 못을 조성한 건물로 아름다운 측면에선 좋다. 하지만 계곡부로 배산임수가 아닌 배곡임수로, 풍수적 의미는 미미하다.

〔그림〕 서석지의 견취도

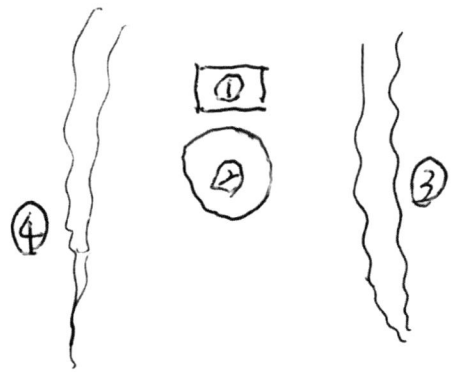

①은 골짜기에 있는 정자 ②는 연못 ③은 좌측 산 ④는 우측 산

18. 기영정

이 정자는 전라남도 장성군 삼계면 사창리 561번지에 있다. 비교적 배산임수가 되어 있으나 정자의 뒤가 절개지로 되어 있는 단점이 있으며, 또한 정자 앞이 좌선에 의한 j자가 형성되어 있으므로 혈의 가능성이 점쳐진다. 다만 정자 설치로 확인은 불가능하다. 혈이 된다면 건물은 바르지 않다. 이러한 경우는 묘지만 가능하기 때문이다.

〔그림〕기영정의 견취도

①은 정자 ②는 뒷산으로 절토 ③은 후산 ④는 좌측의 산맥 흐름 ⑤는 우측의 산맥 흐름 ⑥
은 정자 앞부분의 j자 형태

19. 조길방 가옥

조길방 초가는 대구시 달성군 가창면 정대리 가창 댐 상류에서 좌
측으로 올라간 산 중턱에 있다. 이곳은 배산임수로 된 곳이지만 많은
면적 확보로 집 앞은 축대를 쌓아 넓게 확장된 모습이다. 그러나 산
에서 내려오는 맥상의 일편으로 되어 있다. 다만 집 뒤가 절개로 훼
손되었다는 점, 그리고 울타리가 없다는 것이 흠으로 지적된다.

지붕은 초가로 되어 있으며 본 건물은 멀리 있는 앞산을 바라보는 것으로 향이 조금 틀어져 있다. 울타리가 없는 것으로, 전착이 되지 않고 있다. 다만 양택에서 여러 차례 지적하고 있는 것처럼 일편의 땅은 되지만 집 앞뒤의 석축으로 평탄면이 확장되었다는 점이 문제다.

〔그림〕 조길방 가옥의 견취도

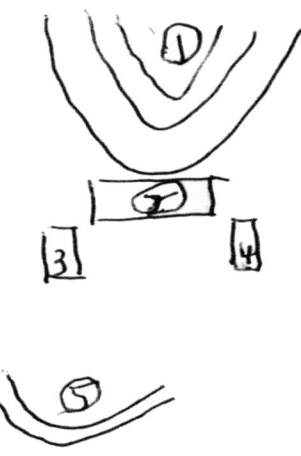

①은 내려오는 산으로 배산 ②는 본 건물 ③과 ④는 부속 건물 ⑤는 앞산

20. 경주 최부자 집

이 집은 경주시 교동 경주향교 옆에 있다. 규모가 크다는 것이 문제다. 배산 등 양택 3간법은 되어 있지만 양반가로 인해 집의 규모가 클 수밖에 없다. 그러나 마냥 큰 것이 좋은 것은 아니다. 집의 기운

4장 집(양택) 풍수 평가 바로잡기

은 중간에 있기 때문이다. 물의 피해와 안전을 생각한다면 작게 지어야 좋다. 경주 최부자라는 명맥에 맞게 짓다 보니 규모가 큰 것으로 인식되는데, 풍수상 이는 잘못된 방법이다.

(그림) 경주 최부사 집 건취노

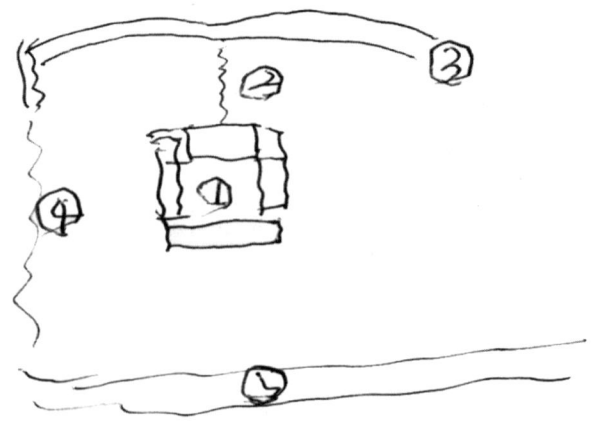

①은 집 ②는 집으로 들어가는 맥 ③은 후산 ④는 우측의 산맥 흐름 ⑤는 앞의 하천

21. 소쇄원

소쇄원은 전라남도 담양군 남면 지곡리 123번지에 있다. 입구가 대나무로 되어 있어 여름철 더울 때가 관람의 적기다. 이곳에는 건물 2동이 주목되는데, 골짜기에 위치하는 관계로 배산이 아니다. 주변이

산림으로 되어 있으므로 경치가 좋고 전통 조경지로 알려진 곳이다. 그러나 풍수상으로는 배산이 아니기 때문에 별 의미가 없다.

〔그림〕 소쇄원 견취도

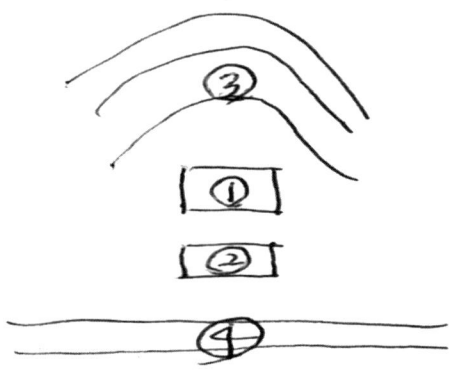

①과 ②는 골짜기에 있는 집 ③은 후산의 골짜기 ④는 소하천

22. 운조루와 곡전재

위 두 곳은 300m 거리 이내에 있다. 구례의 3대 정원으로 알려져 있으며 금환낙지의 땅으로 명명된 풍수적인 명당으로 알려져 있다. 그러나 금환낙지는 혈이어야 하는데 집으로 되어 있다. 집과 묘지는 앞에서 언급한 것처럼 차이가 크고 많다. 면적으로 봐도 땅의 깊이로 보아도, 또는 형태로 봐도 여러 가지의 차이가 있다. 따라서 금환낙

지는 혈로 판단되는 곳인데, 이곳에는 집으로 구성되어 있어 문제가 있다. 곡전재는 담을 아주 높게 형성하여 금가락지 형태로 만든 특징이 있어 주목되며 집 안으로 물이 훔쳐 나가도록 한 것이 특이하다.

〔그림〕 운조루와 곡전재의 견취도

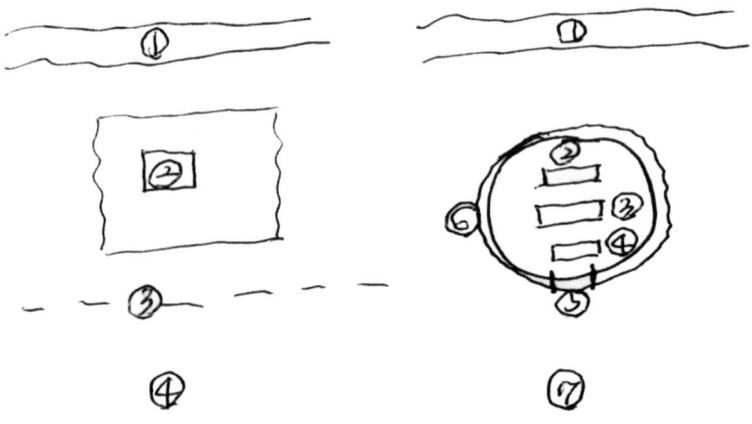

운조루 ①은 주 능선 ②는 운조루 ③은 물길 ④는 답
곡전재 ①은 주 능선 ②, ③, ④는 곡전재 삼(三)자형 건물 ⑤는 솟을대문 ⑥은 금환으로 연상된 울타리 ⑦은 답

23. 단계서당

이 서당은 경주의 귀래정과 삼괴정의 주변에 있으며 같은 동네에

있다. 이곳 역시 측면에 위치하는 것으로 배산이 아니다. 즉, 측산임수의 건물이다. 남향을 한 것으로 보이는데 이는 절대향의 개념으로 보인다. 풍수는 자연향에 의한 것인데, 이에 역행하는 향이 되므로 좋지 못한 모습이다.

〔그림〕 단계서당의 견취도

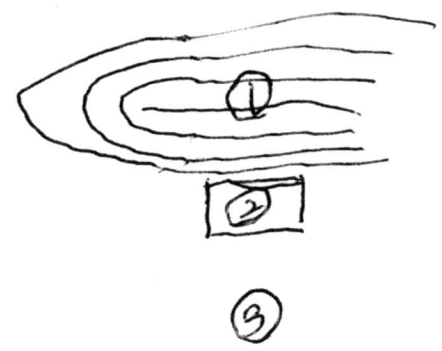

①은 주 능선 ②는 서당 ③은 임수

24. 하목정

하목정(霞鶩亭)은 새우와 집오리를 뜻하는 것으로, 낙동강에 위치해 있어 경치적이고 풍경적인 의미가 겹치는 곳이다. 낙동강에 있는 새우와 강 안에 있는 집오리의 평안하고 보기 좋은 풍경이다. 이곳의 정자는 맥을 못 탄 곳으로 이해되며, 정자의 크기가 너무 크다.

낙동강 변의 볼거리와 먹을거리는 풍족하여 살아가는 데는 좋은 지리적 환경이다. 하지만 아무리 좋은 곳이라 해도 정자가 있는 곳에 배산이 되어야 좋다. 사촌이 땅을 사면 배가 아리다고 했다. 땅은 내가 살아야 하는 원리처럼 정자가 바른 자리에 위치해야 하는데, 풍수상 그러한 곳이 아니다. 따라서 하복성은 크기는 크지만, 측산이 되어 좋은 자리가 아니다.

〔그림〕 하목정의 견취도

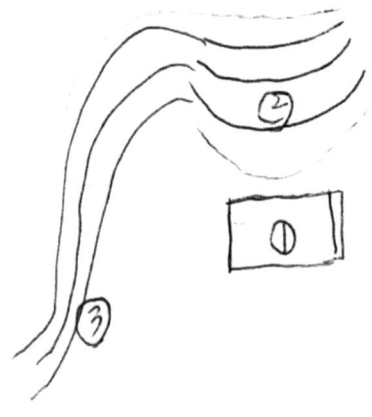

①은 하목정 ②는 측산 ③은 우측 산

25. 쌍산재

쌍산재는 구례의 3대 정원 중의 하나로 알려진 곳이다. 인터넷에

'쌍산재'를 치면 나온다. 이곳에는 화려하지는 않지만 소박하면서도 모든 자재(원)를 최대한 활용한 흔적이 다분히 나타나는 곳으로 평가된다. 그러나 풍수적인 의미는 극히 미미하다. 그 이유는 건물의 뒤를 절개하였으며, 앞에는 평탄 작업 후에 건축한 것으로 배산임수가 아니고, 또한 계곡부에 있는 건축물도 다수 있다. 이러한 이유로 이곳은 풍수적 의미로 지어진 곳은 아니지만, 건물의 형태가 고급스럽다고 하기보다는 검소하고 소박하다고 평가할 수 있는 곳이다.

〔그림〕 쌍산재의 견취도

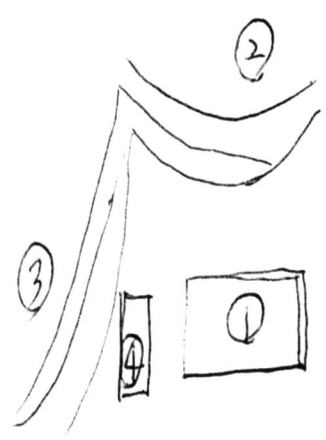

①은 쌍산재 ②는 측산 ③은 우측 산 ④는 관리실

4장 집(양택) 풍수 평가 바로잡기

26. 사명대사 탄생지

사명대사의 탄생지는 밀양시 무안면 고라리 399번지에 있다. 생가
는 골씨기에 있나. 이(⎵)사형으로 시어신 신축불이지빈 게곡무의 골
짜기로 건물의 하단부 건축물이 상(傷)한 상태로 되어 있다. 골짜기
는 배산임수와는 거리가 있다. 따라서 사명대사의 탄생지는 전저나
전착의 뜻과는 거리가 상당하다. 이처럼 풍수상 그렇게 좋은 장소는
아니다.

〔그림〕 사명대사의 탄생지 견취도

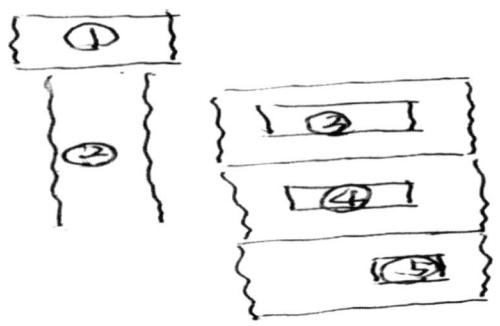

①은 재실 ②는 재실 앞 ③은 뒤편 건물 ④는 사명대사 본 건물 ⑤는 출입문으로 솟을대문

27. 월리사

월리사(月裡寺)는 충청북도 청주시 문의면 염티소전로 55-100번 지로 청남대 가는 방향에 있다. 이 절은 천년고찰로 알려져 있으므로 관산을 했다. 다행히 이곳에는 보는 즐거움이 많았다. 그러나 대웅 전은 측면에 있어 배산이 아니다. 우측 편에 수량이 비교적 많은 물 길이 있어 풍치가 좋고 사면이 산림으로 되어 있어 눈요기가 당기는 곳이다. 하지만 앞에서 언급한 바와 같이 배산이 아니며 능선도 없 다. 따라서 집의 3대 조건이 갖추어지지 않는 사찰이다.

〔그림〕 월리사의 견취도

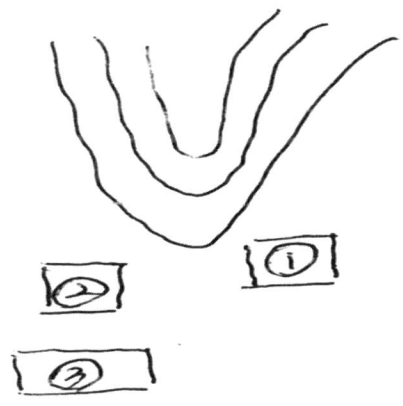

①은 대웅전 ②는 산신각 ③은 요사채 건물

28. 육영수 생가

이 생가는 옥천군 옥천읍 향수길 119번지로, 박정희 전 대통령의 부인 생가이다. 이곳은 김 대감, 송 대감, 민 대감 등으로부터 내려오는 곳을 부친이 매입한 것으로, 여사가 태어난 곳이다. 하지만 건축물이 13개로 너무 많고, 배산이 되지 못해 풍수적인 의미는 미약하다. 필자가 주장하는 가장 작은 것이 아름답다는 풍수관과 거리가 있다.

〔그림〕 육영수 생가의 견취도

건물이 많고 건평이 넓어 배산임수 등의 의미가 미약하므로 건물명에 대한 설명은 생략

또한 집은 의지하는 것과 물 처리가 되어야 하는데 이곳은 골짜기와 뒷산이 없고 있다손 치더라도 측면이 되며 훼손의 정도가 크므로, 집의 규모로 본다면 몰라도 풍수적인 평가는 의미 없는 곳이다.

29. 청남대

청남대는 대통령의 별장으로 '따뜻한 남쪽의 청와대'라는 뜻으로 붙여진 이름이다. 이는 충북 청주시 상당구 문의면 청남대길 646번지에 있다. 청남대의 본관 건물은 협(고개)으로 된 곳의 측면에 자리 잡고 있어 풍수적인 의미는 미미하다. 다만 청남대에는 4개소에서 혈로 판단되는 지점이 있어 주목된다. 그곳은 주차장에서 보이는 나라사랑리더십교육문화원 앞부분, 오각정의 정지 옆, 행운의 샘 주변 그리고 초가정이다. 이들의 지점에서는 혈증이 관찰되는데, 대중이 보는 관광지로 혈을 이용하는 차원에서는 활용도가 떨어진다고 보지만, 혈을 찾는 풍수 혈증의 교육적인 차원에선 대단히 좋은 곳으로 적절한 교육 장소가 되리라 예상된다. 다만 대통령의 별장으로 철책선에 의한 제한을 받는 곳으로, 현장 답사는 불가하다는 불합리에 대해서는 감수하여야 할 것으로 인식된다.

〔그림〕 청남대의 견취도

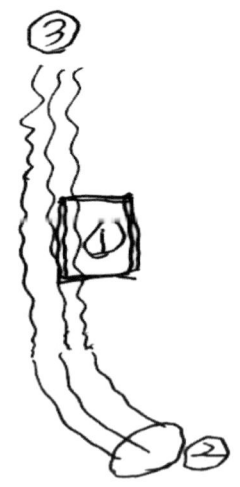

①은 별장 ②는 전망대 ③은 ②로 진행하는 맥선

※ 집에 대한 전반적인 문제점

1. 혈의 여부

집은 혈에 짓지 말아야 한다. 혈에다 집을 지으면 여러 가지 좋지 못한 현상이 나타난다. 혈은 지하 1m 정도로 기운이 멈추는데, 집은 지상에 짓는 것이 일반적이다. 혈은 면적이 작으므로 규모가 큰 집을 지으면 혈증이 상하게 되며, 지하에 구멍이 있는 관계로 묘지가 제격인데 집은 지상에 지으므로 문제가 된다. 이러한 점 외에도 혈은 상하로 둥근 타원의 형태인데, 집은 좌우로 긴 직사각형이 주류다. 따라서 혈에는 집을 지어서는 곤란하다.

2. 3법에 의한 집짓기

집은 3간법이 있다. 이들은 배산과 전조와 전착이다. 이들 중에서 가장 중요하게 다루는 배산은 내려오는 맥에서 일시적으로 멈춘 일편의 땅이다. 이곳이 배산으로, 여기에다 집을 지어야 한다. 이러함에도 측산이나 배곡에 집을 짓는 경우가 다반사다. 예시에서 본 바와 같이 대부분 측산이 아니면 배곡에다 집을 짓는 경우다. 집은 앞을 보는 향이 중요한 것이 아니라 집 뒤가 더더욱 중요하다. 아무리 앞이 좋다고 하더라도 뒤가 배산이 아니면 의미가 전연 없다. 따라서 올바른 배산을 찾아 집을 지어야 한다.

3. 사택 이론에 대한 부정

사택은 동사택과 서사택으로 나눈다. 문·주·조를 이 사택에 배치하는 방법이다. 그런데 문제는 안방으로, 이곳은 8시간 잠을 자는 무의식의 공간이다. 의식이 없는 시간에 잠을 자는 곳이 집이라는 점에서 안방은 중요하다. 이러한데도 사택 이론은 중앙(맥선)을 피한 곳에 지정되는 것으로 잠자리가 문제 된다. 이는 양택 3요에 해당되며 배산임수의 의미에서도 어긋난다. 배산은 중앙을 의미하는 것이지, 좌우로의 가장자리를 의미하는 것이 아니다. 이러한 이유 등으로 안방은 집의 중앙에 배치되어야 하며, 앞쪽보단 뒤편이 최적이다. 따라서 좌우 가장자리로 배치되는 안방은 안전과 물의 피해 측면에서 전연 의미가 없다.

5장

일상생활 방식

주(住)는 이 책의 주제에 대해 전반적인 내용이다. 배산임수의 자리를 찾는 것과 전저후고와 전착후관에 따른 건축술과 풍수 기술 등 전반적인 분야로 쭉 이에 대해 논한 바 있다. 그런데 아무리 집이 좋다고 한들 일상의 생활이 제대로 되지 못한다면 의미가 반감된다. 어떤 옷을 입어야 하는 것과 어떠한 음식을 먹어야 하는지에 대한 문제는 대단히 중요하기 때문이다. 이를 활용하는 방법이 생활 방식이다. 건강한 의식주야말로 우리의 건강과 행복을 선사하고 지키는 으뜸이 아닐까 한다. 입는 것, 먹는 것, 자는 것 모두가 중요하다. 따라서 올바른 의식주가 되도록 현명한 지혜가 있어야 할 것이다.

1. 의

의는 옷이다. 어떤 옷을 입어야 건강에 좋은지에 대한 문제는 대단히 중요하다. 질기다고 하여 나일론 섬유가 좋다는 발상은 1960년대나 70년대의 말이다. 메이커가 있고 값이 비싼 옷이 아니라 면직물로 된 천으로 땀의 흡수력이 좋고 피부가 거부하지 않는 자연의 천연 의류가 되어야 할 것이다. 무명옷으로 된 우리나라의 재래종 섬유가 최고가 아닐까 한다. 의는 외국의 옷보단 신토불이가 가장 좋은 천이다. 남을 의식하는 옷이 아니라 내실 있는 옷이 되어야 할 것이다.

값이 비싼 옷보다는 편안한 옷이 한결 좋다. 색상이 화려한 것보단 단순한 색상이 좋다. 옷도 기운을 만드는 하나의 방법임을 알고 생각하면서 입어야 한다. 하루 중 3분의 1은 옷을 입고 활동해야 한다. 의식의 시간이지만 옷을 입지 않고는 생활이 어렵다. 이처럼 옷은 우리 생활에 있어서 그만큼 중요하다. 따라서 옷을 입는 자체가 건강과 직결됨을 인지하고 생활해야 할 것이다.

2. 식

(1) 식재료

식(食)은 먹는 것으로 곡기(穀氣)로서 기운이다. 곡기 없고 불량한 음식은 먹어도 괜찮을까? 한번 생각하고 음식을 먹어야 할 것이다. 일회용 음식보던 섭생이 디 좋을 것이다. 민벙의 근원은 먹는 것에서부터 출발한다는 금언이 있듯이 좋은 음식을 먹어야 건강한 생활이 될 것이다. 좋은 음식은 값이 비싸고 귀한 음식이 아니라 깨끗하고 오염되지 않는 음식이어야 할 것이다.

특히 주식은 더더욱 중요하다. 옛날에는 밀을 생산하여 먹으면 1달이 채 가지 못했다. 요즈음의 밀가루는 수입한 것으로 오래도록 두어도 벌레가 생기지 않는다. 그 이유는 방부제나 약품 처리를 하기 때문이다. 이를 이해한다면 우리 밀을 먹어야 할 것이다. 채소도 마찬가지로 슈퍼마켓에서 파는 채소류는 벌레가 먹은 자국이 보이지 않는다. 이러한 이면에는 농약을 많이 쳤다는 간접적인 이해가 가능하다. 벌레가 먹은 흔적은 이보다 피해가 덜한 식품이다. 따라서 농약과 화학비료를 가능한 치지 않은 식재료가 좋을 것이다.

식은 곡기를 의미하며 잘 먹어야 하루를 견디는 것으로 24시간 중 8시간 이상 일해야 살아간다. 곡기가 그만큼 중요함을 인식하고 좋은 식재료를 먹어야 할 것이다.

(2) 일회용 용기 사용 금지

아무것도 아닌 것 같지만 그릇도 문제가 된다. 시중에는 일회용 용기가 많다. 자판기나 식당에는 편리하고 편하다는 핑계로 일회용 컵이나 용기를 많이 사용한다. 가정에서는 가능한 이러한 일회용 용기 사용을 줄이는 것이 좋다. 경제적인 면으로도 그렇고 건강 차원에서도 일회용 용기는 줄이는 것이 좋을 것이다. 특히 건강을 지키는 의미에서 남성 호르몬이 나온다는 종이컵의 사용은 줄여야 한다. 비닐과 같은 플라스틱 용기도 사용하지 말아야 할 것이다. '하나밖에 없는 지구'에 우리는 살고 있다.[1] 오염된 지구에서는 오래 살지 못한다.

---

1 동아일보, A28면, 2024.11.21. 목요일 기고문. '부산플라스틱 국제협약의 탄생을 기대하며'에서 발췌.

(3) 플라스틱 활용 금지

플라스틱 그릇은 사용을 자제하여야 한다. 죽음의 알갱이[2]로 알려진 플라스틱은 물고기, 새, 곤충, 동물을 지나 사람까지 피해를 유발하는 아주 못된 화합물이다. 이러한 여러 피해로 이제는 플라스틱의 생산 및 소비를 줄여야 한다. 우리 실생활부터 플라스틱의 사용을 줄이는 모습이 필요하게 느껴지는 순간이다. 이것이 풍수인이 할 일이다.

옛날부터 사용해 온 사발이나 유기와 같은 그릇이 좋을 것이다. 식기를 설거지하는 식물성 수세미와 식물인 박으로 된 밥그릇은 한결 더 좋을 것이다. 박으로 만든 박 바가지 그릇과 화학용품에 의한 설거지 제품보단 자연에서 얻은 수세미가 우리 건강을 지켜 준다는 사실을 이해해야 할 것이다. 박으로 된 자연의 박 그릇은 뜨거움을 저버리고 차가움을 달래 주는 자연의 그릇이다. 이 또한 우리 몸을 건강하게 지키는 하나의 구실이 되고도 남을 것이다.

질에서 스님의 공양 그릇은 어떨까? 쇠그릇일까, 플라스틱 그릇일까, 아니면 놋그릇일까? 아니다. 나무 그릇인 목그릇이 전부다. 사찰에서는 나무로 된 그릇을 사용하는 것이 일반화되어 있다. 숟가락 또한 나무다. 제사용 제기는 대부분 나무로 되어 있다는 것을 좋게 해석하여 사용하는 방법의 개선이 필요하다. 기회가 된다면 가능한 식기를 나무로 하는 것이 우리의 건강을 위해서도 좋을 것이다.

---

2 동아일보, A30면, 제32110호, 2024.12.3., 화요일, 산유국 반대 넘지 못한 '죽음의 알갱이' 협약.

이처럼 공양하는 방법을 바꾸면 쉽게 건행(健幸)이 될 것이며 이러한 사소한 것이 수명과 건강을 지켜 줄 것이란 말에 부정할 수 있는지에 대한 물음이다. 이것이 곧 올바른 건강법이 아닐까 한다.

3. 건강과 장수

(1) 운동

건강에서 운동은 빼놓을 수 없다. 아무리 좋은 조건의 배산임수된 곳에서 잠을 자더라도 의식을 지키지 않고 운동을 적당히 하지 않는다면 건강하고 장수하는 행복은 없을 것이다. 자기 몸에 맞는 운동은 건강과 장수의 비결이라 말할 수 있을 것이다.

(2) 아프면 병원 방문

어릴 적에는 아파도 견디면 치료되는 경우가 있지만, 나이가 많은 연령대는 아프면 곧바로 병원에 가는 것이 좋다. 나이가 들면 재생력과 면역력이 떨어지기 때문이다. 따라서 미련을 두지 말고 병원에 빨리 가는 것이 현명하다. 그래야만 건강하고 행복한 생활이 될 수 있다. 또한 건강 검진을 매년 받아야 할 것이다. 병원(病原)은 즉시 발견해야 큰 병이 되지 않는다.

(3) 과다한 음주와 흡연

항상 자주 말하는 얘기이지만 과한 음주는 질병을 쉽게 가져다주는 원인 제공자가 된다. 담배는 더하다. 나이가 많을수록 이러한 건강에 지장을 주는 습관성 음주와 흡연은 삼가는 것이 아주 좋을 것이다.

(4) 싸움꾼 피하기

사고를 예방하기 위한 차원에서도 싸우거나 다투는 곳에는 가지 말아야 한다. 괜히 옆에 있다가 싸움이 되는 경우가 종종 있으므로 가능한 피해서 가지 말아야 할 것이다.

(5) 규칙적인 생활 습관

일찍 자고 일찍 일어나는 생활 습관을 가져야 할 것이다. 불규칙한 생활 패턴은 빨리 바꾸어 올바른 규칙적인 생활이 되도록 하여야 할 것이다. 고스톱이나 도박성 오락 등으로 자는 시간을 놓치는 경우가 많은데, 노인들에게는 규칙적인 생활 방식이 그 무엇보다 중요하다.

4. 숯 활용

지금도 장을 담글 때는 숯을 활용한다. 마당에도 숯을 사용하면 탈

취 작용이 있어 유익하며, 집 안에서도 숯은 향기롭지 못한 냄새를 제거하는 역할을 한다. 건조하면 습기를 조절하는 역할이 숯이다. 적당히 활용하면 좋을 것이다. 방습이나 방충의 효과가 있어 가정에서는 상당히 유용하게 이용할 수 있다. 오염된 숯이 아니라 참나무로 된 숯의 활용이 되어야 할 것이다.

5. 휴

휴(休)는 사람(人)+나무(木)이다. 나무에 기대어 있는 자세가 가장 아름답게 쉬는 것이다. 집을 지으면 앞에는 나무를 심어야 하는 이유다. 물론 앞에서 언급한 것처럼 곤(困)과 한(閑)처럼 집 중앙에 나무를 심어서는 곤란하다. 이를 이해하는 것이 풍수적인 집짓기 기술이다. 목(木)은 울타리 주변에 심어 생활하는 도중 나무에 기대어 쉬는 휴가 되어야 할 것이다. 기운이 돌고, 기운이 도는 집이 될 것이며 그래야만 건강하고 행복한 인생이 될 것이다.

6장

잠자는 방법

잠을 자는 곳과 일을 하는 곳은 다르다. 구분됨이 없이 혼동하여 일도 하고 잠도 자면서 이를 공동의 장으로 생각하는 경향이 강하다. 그러한 곳이라면 규모가 커야 한다. 이것도 하고 저것도 하는 곳이 되면 다용도실이 되어 건물 규모가 커지게 되므로, 설치하는 지물도 다양하고 복잡하게 퇴므로 뒤죽박죽이다. 따라서 잎에서 언급한 바와 같이 잠자는 곳은 아주 단순하고 인테리어를 하지 않는 것이 올바른 인테리어 방법이다. 잠을 자는 곳은 들어가면 곧바로 누워서 잠을 청해야 하며, 일어나면 즉시 나가야 하는 버릇이 되어야 한다. 이것이 생활하는 공간과 잠을 자는 곳의 차이점이다.

1. '드러눕다'와 '일어나다'

잠자는 곳에서는 얼쩡거리지 말아야 한다. 모든 잡무는 목적이 있는 곳에서 마무리한 다음에 잠자는 방에 들어가야 한다. 오직 이곳에서는 깊은 숙면이 목적이기 때문이다. 다음으로 인테리어도 필요 없어야 한다는 의미는 예각의 존재다. 잠자는 곳에 잦은 인테리어로 인해 예각이 많은 지형지물은 숙면하지 못하도록 하는 방해꾼이 된다. 따라서 잠자는 곳에는 들어가면 곧장 자야 하며, 일어나면 곧장 나가야 하는 것이 가장 큰 책무다. 이러한 논리로 볼 때 잠자는 곳에서는 인테리어가 필요 없다.

(1) 드러눕다

필자가 주장하는 잠자는 곳에서의 철칙이다. 이곳에 들어가면 즉시 잠을 자야만 한다. 그곳에선 이것과 저것 다 하는 곳이 아니라 생활하는 곳에서 모든 잠자는 준비를 마치고 들어가면 즉시 잠을 자는 공간이다. 전기, 전화 충전기 등의 생활필수품의 공간도 허락하지 않는 그러한 곳이 되어야만 올바른 잠자리가 될 것이다. 전화가 오거나, 누가 찾아오더라도 일단, 취침을 하면 일어나기가 곤란하기 때문이다. 숙면의 조건이 되어야 한다. 이것이 필자가 주장하는 '드러눕다'이다. 방에 '들어서다'가 아닌, 곧 즉시 드러눕는다는 것은 분명 차이가 있을 것이다. 이러한 생각이 되어야 비로소 숙면이 된다.

(2) 일어나다

숙면이 되면 아침이 즐거울 것이다. 피로가 감으로써 완전한 기운이 회복되면 즐겁게 일어날 것이다. 일어나면 나가야 한다는 원칙이 '일어나다'이다. 숙면은 스스로 만들어야 한다. 짐을 자는 중간에 전화나, 깨어나는 순간 재차 잠을 잔다는 것은 쉬운 조건이 아닐 것이다.

이를 이해한다면 잠을 자기 시작하면 아침이 될 때까지 숙면을 취하고 일어나야 그날이 피곤함이 없이 새롭게 시작될 것이다. 이것이 '일어나다'이다. 따라서 잠자는 곳에서는 들어가면 즉시 잠을 자고, 일어나면 곧 나가야 하는 규칙을 세워야 할 것이다. 그래야만 올바른 숙면이 된다.

2. 잠자는 방향

잠은 자연향으로 누워 자야 한다. 산이 오는 방향에는 머리를, 가는 방향에는 발을 놓고 잠을 자야 한다. 풍수지리의 혹자들은 동서남북으로 8괘 방위를 선정하거나 사택 이론을 적용하여 잠을 자는 경향이 있는데, 이는 잘못된 처사다. 잠을 자는 방향은 자연향에 따라 잠을 자야 정상적이다.

집을 짓는 방법이나 집을 활용하는 방법에서 가장 중요하게 다루는 첫째가 배산이며, 두 번째가 잠을 자는 자연향에 의한 잠자리이다. 집을 배산임수로 지어 놓아도 잠자리가 그에 따른 자연향이 아니면 의미가 반감된다. 이에 대한 해석이나 연구한 내용에 대해서는 별로 진척이 없다.

두 번째로 중요한 행동 철학이 방향성에 의한 잠자리로, 가장 중요하다 해도 과언이 아니다. 왜냐하면 올바른 집이 지어졌다고 하여도 실행이 어긋나면 무용지물이 되기 때문이다. 좋은 집을 지은 덕분에 잠을 제대로 잔다면 이것이 바로 일석이조(一石二鳥) 내지 일석삼조(一石三鳥)가 아닌가 한다.

3. 4당5락이 아닌 7당8락

이 말은 학력고사의 성적을 잘 받기 위한 전략에서 나온 말이다. 4시간 자고 공부하면 합격하고 5시간 자면 시험에 떨어진다는 속설이다. 하지만 4당5락은 제고되어야 한다. 7락8당이 되어야 한다. 우리나라의 평균 수명은 7시간 41분이다.[1] 이 시간은 8시간에 못 미치는 수면량이다.

물론 수면은 깊은 잠을 의미한다. 깊이 잠을 자야 다음 날에 대한 올바른 사(事)가 된다. 이러함에도 4당5락이라 하는 것은 응시자에게 잠을 자지 못하게끔 부담을 선사하는 어설픈 말이다. 충분하게 잠을 자야 다음 날 올바른 일을 한다는 것은 인간의 기본이며 피로가 회복되는 시간적 개념이다. 따라서 좋은 곳에서의 잠이라면 배산임수로 된 곳에서의 올바른 잠자리가 되어야 할 것이다.

대단히 중요한 수년 연구가의 말이 생각난다. 우리노 이를 시키는 노력이 있어야 할 것이다. 개인이나 나라가 발전하고자 한다면 기본이 잠자리이다. 나이가 들면 수면량의 질이 떨어지는 것은 당연지사다. 이를 극복하는 방편이 배산임수의 자리다. 좋지 못한 곳, 저수지 밑, 골짜기 물이 흐르는 곳 등은 올바른 수면이 될 수 없다. 수면의 질이 문제인 만큼 길지의 자리가 되어야 할 것이다.

---

1   동아일보, 2024.11.29. 금요일 제32107호 A31면. 일본의 세계적 수면학자 야나기사와 쓰쿠바 대학교 교수.

4. 잠자는 곳의 조도

잠을 자는 곳에서는 어두운 것이 좋다. 너무 밝으면 잠이 오지 않고 신경이 쓰이는 것이 많아지므로 삼을 설친다. 이를 예방하기 위해서는 약간 어둡게 하는 것으로, 조도를 낮추어 주어야 잠이 잘 온다. 따라서 잠자리는 어둡게 하여야 한다. 잠을 잘 자기 위해서는 잠을 청해야 하는데 너무 밝거나 소리가 나게 하여서는 곤란하다. 그러므로 약간 어둡게 하는 차광막이나 커튼을 설치하는 방법 등이 있어야 할 것이다.

5. 기타

잠을 자는 방에는 전기 시설이 필요 없지만, 생활하는 공간에는 전기 시설을 하는데 3각이나 4각으로 또는 요란스러운 전등은 삼가는 것이 좋다. 혼란스럽고 예각이 있으므로 좋지 않다. 그러나 둥근 형태의 전등은 좋다. 우리 주변에 있는 과일을 보면 수박, 호박, 박, 사과, 배 등 둥근 것이 대부분으로 이들은 예각이 없다. 따라서 시설물도 이러함을 이해한다면 바른 시설이 되어야 할 것이다.

유흥주점처럼 값비싼 등이나 요사스러운 지형지물의 설치는 가능하면 하지 않는 것이 좋다. 가정에는 어린이나 연세가 높은 어른들의 공간인 만큼 예각이 많은 시설물은 설치를 금하여야 할 것이다. 그래야 건강에도 좋고 이를 보는 마음가짐도 바를 것이며 여러 가지 모두가 좋게 될 것이다. 어머니 배 속이 그러하고 삼각형, 사각형 과일은 없는 이치와 같다. 오직 둥근 원이나 타원형의 과일이 대부분임을 알면 이해가 될 것이다.

집도 가능하다면 둥근 것이 좋지만 편의상이나 용도상으로 4각형을 선호하는 것이지, 그에 따른 바른 답은 둥근 형태의 건물이 좋다는 의견에는 반대할 풍수성이 없다는 것은 일언지하(一言之下)에 당연하다 할 것이다.

결론

　사람이 거주하는 공간의 종류를 보면 단독주택, 빌라 그리고 아파트가 있다. 주택과는 다르게 빌라와 아파트가 처음부터 등장하지는 않았다. 사람이 많아지고 시내권의 땅 시세가 높아짐에 따라, 이를 해결하는 방법으로 지어진 건물이 이들이다. 이러함에도 사람은 여전히 건강과 행복을 찾고 있다. 건강하고 기운이 있는 집은 빌라와 아파트보단 단독주택이 한결 좋다.

　단독은 땅의 지표면을 밟고 다닐 수 있는 조건이다. 이에 비해 빌라와 아파트는 이러한 행동이 불가능하지만, 사람이 많은 것과 잠자리를 해결해 주는 역할을 담당한다. 이러한 해결책은 단순히 많은 사람과 많은 잠자리는 해결이 되지만 사람의 건강과 수명에는 한계가 있다는 말이다. 따라서 이를 위한 해결책은 직접 땅을 밟고 지낼 수 있는 단독주택이 되어야 할 것이며, 큰 주택이 아닌 작은 평수의 건물이어야 할 것이다.

　두 번째는 의식에 대한 마음가짐과 잠자리의 이용이다. 의는 우리가 입는 옷이다. 땀을 쉽게 흡수하고 피부를 좋게 하는 면 종류가 되어야 할 것이며, 먹는 것은 우리 전통의 식품으로 생산된 섭생(攝生)의 방법이 되어야 할 것이다. 부드러운 음식보단 조금이라도 거친 음식으로 식사를 하여야 우리 건강을 지켜 줄 것이다.

그다음은 잠자는 방법이다. 들어가면 곧바로 잠을 자는 '드러눕다'이고, 일어나면 곧장 나오는 것으로 '일어나다'이다. 이러한데도 잠을 자는 곳에 텔레비전 등의 설치는 잘못된 것으로 무 인테리어가 되어야 할 것이다. 잠자는 곳에는 인테리어가 필요 없는 것으로, 아무 인테리어도 하지 말아야 한다. 사람들은 잠자는 곳에다 온갖 잡다한 것을 갖다 놓고 늦도록 보고 있거나 일상적인 생활이 되는 것으로 오해의 여지가 있다.

잠은 무의식의 상태이므로 잠을 자기 위해서는 아무것도 필요하지 않도록 인테리어가 되어야 한다. 그래야만 잠을 깊게 자는 숙면이 될 것이다. 잡다한 것은 예각이 많으므로 설잠이 된다. 이러한 논리 속에 인테리어는 하지 않는 것이 더 좋을 것이다.

셋째, 청소는 깨끗해야 한다. 주변이 지저분하면 기분이 도취된다. 아침이면 더하다. 하루의 시작은 아침이기 때문이다. 집 청소도 마찬가지이지만 잠자는 방 안에서는 더욱 중요하다. 상쾌한 기분은 모든 것을 새롭게 하고 기분을 높인다. 더럽고 지저분한 곳에서 좋은 기운을 바라는 것은 욕심이다. 늘 깨끗한 청소가 생활화되어야 할 것이다. 이래야만 기운이 넘쳐흘러 좋은 일만 생기게 될 것이다.

넷째는 운의 쌓임으로 적덕이다. 습관이 되도록 하는 것이 중요하다. 하루아침에 이루어지는 것이 아니기 때문이다. 첫걸음이 중요한 것은 습관이 되게 하는 버릇이다. 운동선수가 하루도 게을리하면 몸

이 쑤셔 견딜 수가 없듯이 연속적인 운의 쌓임이 중요하다.[1]

공부로 말하면, 고무줄 당기기이다. 고무는 놓으면 제자리로 원상 회복된다. 하지만 수백 번, 수천 번, 수만 번이 되면 원상이 회복되지 않는다. 이처럼 습관은 고무줄 당기기처럼 하여야 한다. 이러한 깃이 기운 빚기다. 좋은 비롯은 좋은 기운을 상승시킨다. 기운은 하루 만에 오지 않는다. 반복만이 답일 수밖에 없다. 따라서 집이 아무리 잘 지어졌다고 하여도 생활 습관이 바르지 못한다면 좋은 기운은 따라오지 못할 것이다.

다섯째, 집짓기와 집을 보는 기술은 기운의 산실이다. 이는 의식주휴미락(衣食住休美樂)이다.[2] 의는 어떤 옷을 입을 것인지, 식은 무엇을 먹을 것인지, 주는 어디서 잠을 자야만 좋은 기운을 받고 오래 살 것인지, 휴는 어디에서 휴식을 취할 것인지, 미는 아름다움을 어떻게 추구할 것인지, 낙은 풍류를 즐겁게 즐길 것인지를 느끼는 방법의 도구다.

입고 먹고 자고 휴식하고 아름다움을 추구하면, 마지막으로 음악을 듣고 즐기는 것이 인생사다. 이렇게 하면 할수록 기운찬 생활이 될 것이다. 인생의 생활 패턴은 의식주휴미락이어야 한다. 인생사는 별것 아니다. 생로병사는 다 같은 사람이 다 같이 겪는다. 하지만 죽음은 다 다르다. 어떻게 입고, 무엇을 먹고, 어느 곳에서 잠을 자는

---

1 애신각라 유한, 김성훈 옮김, 『위험한 풍수』, 성안당, 2024, p.156.
2 동아일보 제32072호 2024.10.19.일 토요일 24면 참조

가에 따라 달라진다. 특히 잠자는 곳에 따라 기운은 크게 다르기 때문이다.

여섯째, 구들의 설치가 중요하다. 겨울철 추울 때 일반적인 보일러 보다는 화목(火木)의 구들이 적격이다. 두한족열의 건강법과 6렴에 대한 예방책이 구들이다. 집짓기는 화목 구들이 되어야만 건강이 따라온다. 필자만의 주장이 아니라 『동의보감』에서도 주장된 두한족열만이 우리들의 전통 건강법이다.

이상에서와 같이 집을 짓는 데 있어 가장 중요한 것 두 가지가 있다. 혈에서는 집을 지으면 곤란하다. 혈장이 파괴되고, 땅속이어야 하기 때문이다. 이러한 고로 집은 배산임수에 지어야만 물을 피하고 안전함이 될 것이다. 따라서 혈에는 묘지가 조성되어야 하며, 집은 배산인 곳에 지어야 한다.

宅十看十書

2부

혈중십관십서

1장

혈이 찾아질까

풍수는 십인십색(十人十色)이며 백인백색(百人百色)이다. 이에 비해 정혈은 십인일색(十人一色)이며 백인일색(百人一色)이고 일조(一兆)도 자연에 나타나는 혈증은 일색(一色)이다. 보는 사람에 따라 보는 사람의 색이 나타나는 것이 풍수인 반면, 혈은 일색이다. 증(證)은 누가 모든지 산에 같기 때문이다. 단지 아는 만큼 보이는 차이가 나타날 뿐이다.

혈은 규칙이 존재하고 6악 등의 혈증이 있다. 물론 혈 찾기가 쉽지 않다. 4신사나 풍수나 수맥, 기맥이나 기타 여러 가지 방법을 동원하여 혈을 찾는다고 하는 풍수술사들이 실제로 많이 있다. 이러한 근본적인 이유는, 책에는 있지만 현장에 있는 혈증인 6악의 존재 자체를 모르고 있다는 것이다. 하물며 혈증을 무시하는 작자도 있다.

이러한 사람들에게 경고하는 측면에서 말하고자 하는데, '선익을 한 번이라도 본 사실이 있는가?'라고 필자는 단호하게 묻는다. 다만 자연에 가면 혈증이 있다고 하는 말이다. 이유가 뭘까? 풍수고전의 대표 주자 격인 『인자수지』 등에는 4신이 아닌 4악이라는 그림이 있다. 요즈음의 풍수 서책에는 5악이 그려져 있다.

필자는 졸저『혈 인자수지』에서 6악을 강조한 바 있다. 자연에도 혈증인 6악이 존재한다는 것을. 그러한 예시가 3부 각각의 예에서 볼 수 있다. 특히 우선순위가 빠른 예시들은 불특정다수인과 일반인의 눈으로도 쉽게 확인된다. 일행들에게는 여러 차례 일견하고 일갈했다. 단언컨대 모두가 6악의 진실은 긍정적임을 시사했다. 6악의 존재에 대한 진정성은 예시의 그림처럼 여러 곳에서 주장된다. 허구[1]가 참을 이길 수 없다. 따라서 혈증인 6악은 자연에 있다는 것이다.

1. 요즈음 관산의 현실

(1) 4신사 위주

강의실이나 관산을 가면 가장 많이 설명되는 말이 청룡과 백호다. 주작과 현무도 마찬가지로 강조하는 용어가 된다. 4신사로 혈을 찾을 방법이 있을까? 찾을 방법이 없다. 4신은 첫째, 거리가 멀다. 거리가 있으면 측정하기가 쉽지 않고 혼란스럽다. 기준점이 달라진다.

혈을 기준으로 해서 본다면, 혈 앞에는 우리 얼굴의 턱과 같은 전순이란 개체가 존재한다. 혈 뒤에는 입수가 있다. 상대적인 개념으로 볼 때, 혈의 기준점은 입수와 전순이다. 이들을 연결하면 중신이 나타난다. 입수와 혈과 전순의 일직선이 기준 된다. 거리가 있는 안산과는 상대적인 거리감이나 전순과의 비교에서도 상대가 될 수 없다. 안산의 상대는 현무이다.

4신사인 현무와 안산, 청룡과 백호로 종선과 횡선의 십자가 혈이 되어야 하는데 결코 이러한 방법으론 혈이 성립되지 않는다. 4신사

---

1 기맥, 수맥, 기 감응, 신 등을 활용하여 지가 최고인 양 떠들어 대는 풍수인들은 허구다.

가 풍수는 될지언정 정혈(正穴)은 아니다. 더군다나 4신으로 자리를 잡으면 10m 올라가도 자리가 될 수 있고 10m 내려가도 비슷한 지향점이 된다. 혈 찾기로 이러한 방법은 의미가 퇴색되고 너무 주관적이므로 객관성이 떨어진다. 반면에 정혈은 아주 객관적이며 + 지점은 운신의 여유 폭이 선뜻 없다. 이것이 핵심이다.

(2) 풍수

풍수를 분해하면 장풍과 득수가 된다. 장풍은 4신사로, 득수는 수가 된다. 이미 언급했지만 4신은 혈을 찾는 방법이 아니다. 물도 마찬가지로 혈을 찾아낼 수 있는 능력은 없다. 풍도 수도 혈을 찾을 능력은 안 되며, 풍수로는 혈을 더더욱 찾을 수 없으므로 미신이랄 수 있다. 이에 비해 혈증은 혈의 증거로 객관성이 있어 과학이라 할 수 있다. 따라서 풍수로 혈을 찾는다는 것은 한계가 있으며 혈은 혈증으로 찾아야만 해결될 것이다.

(3) 수맥과 기맥

풍수 백화점에 가면 풍수 물품 가운데 수맥과 기맥을 측정하는 측정기기가 가장 많다. 패철보다 많고 비보 물보다도 많이 전시된 것이 맥선 기구이다. 마치 이것이 풍수인가 싶다. 다만 혈을 찾고 나서 검증하는 방법으로 기맥을 찾고 수맥을 찾으면 좋을 듯하다.

혹자는 시내권에 있는 음식점 등이 장사가 잘된다고 하여 측정 결과 기운이 좋다고 하면서 명당이란 용어로 풍수를 빙자하여 주장하곤 한다. 수맥, 기맥과 풍수는 혈과 비교의 대상이 아니다. 수맥은 수맥의 논리로, 기맥은 기맥의 논리대로 가야 한다. 본질을 망각하면서까지 풍수와 같은 잣대로 평가하는 것은 합당치 못하다. 풍수에 빗대어 '자리가 좋다', '명당이다'란 논리는 상당히 많은 오류를 내포하고 있기 때문이다.

수맥은 관정을 파는 것이 본래의 목적이며, 기맥은 수양 등 기운을 다스리는 것이 목적이다. 그런데 풍수를 동원하여 마치 '명당화'하는 방법은 온당치 못하며 나름의 본질대로 가야만 온당할 것이다.

(4) 영적 능력

철학의 상위 학문이라는 주역이나, 영적 능력으로 풍수 혈을 신봉하고 찾는 방법이 있다. 주역 풍수나 기문 풍수로 호도하여 풍수 혈을 찾는다는 논리가 이것이다. 또한 영적인 능력으로 천기 운운하면서 자리를 찾아내는 방법을 동원하는 경우가 이 기운이다.

기운이 대단하다는 핑계로 아주 좋은 자리라고 표현해 가면서 현장 안내를 하는 방법이 제시되기도 한다. 하지만 이는 어디까지나 영적인 신의 존재를 넘나드는 행위로서, 풍수 혈증과는 차원이 다른 개념이므로 이를 풍수와 관련시키는 행위는 정당치 못한 행동으로 판단된다.

(5) 기타 방법

일반적인 사회생활 속에서도 가장 먼저 따지는 것이 법(法)이다. 法을 파자하면 水와 去가 된다. 물이 되고 오고 가는 것이 법이다. 법은 역리가 아닌 순리다. 소송도 마찬가지로 문제가 발생하면 증거가 있어야 한다. 증거 능력이 있어야 합법이 되는 것이다. 법은 객관적이고 상식적이다.

혈도 같은 조건이 성립된다. 무당이나 다른 방법으로 혈을 찾는 방법은 없다. 혈은 혈증으로 찾아야지, 다른 방법으론 불가능하다. 만일 다른 방법이 있다면, 객관성이 담보되어야 하는데 대부분 주관적이다. 객관성은 공이 여(與)나 야(野)가 같은 해석이 되어야 하는 것이어야 하는 데에 비해 주관은 나만 되고 남은 되지 않는 내로남불이다. 객관성의 확립은 혈증으로 혈을 찾아야만 해결된다.

2. 자연에 혈이 있을까?

혈을 증명하는 혈증이 자연에 있다. 혈증은 6악이다. 6악은 입수·선익(2)·전순·입혈맥·혈로 구성되어 있다. 소위 말하는 잘된 사람들의 조상에는 혈증들의 형태가 존재한다. 선익이 혈의 이름을 구분 짓듯 혈상이 있다. 그 본보기가 3부에 있는 실증의 혈들이다.
이들은 상대적으로 후손들이 각광(脚光)받는 조상들의 묘지를 가진 소유자의 관리자들이다. 이들을 풍수적인 잣대로 분석해 본 결과는 그 장에서 입증했다. 혈증은 거짓이 아니다. 혈은 100% 긍정적인 잣대로 가르치고 있기 때문이다.

3. 필자의 논리

혈은 혈을 증명하는 혈증으로 찾아야 한다. 혈의 증명은 2부에서 설명한 내용으로 1'j' · 2선 · 3성 · 4상 · 5순 · 6악 · 7다 · 8요 · 9수 · 10장 순으로 확인하고 분석된다. 용이나 4신사나 물이나 형국으론 혈을 찾을 방법도 없고 불가능하다. 더군다나 수맥이나 기맥으로 찾는다는 것은 혈을 부정하는 논리다. 자연에는 6악이 존재하기 때문이다.

6악이 주장되기 전에도 4악은 풍수 고전의 여러 책에서 주창됐고, 5악은 장용덕 선생 등 여러 풍수인의 논리에서도 주장되고 있다. 6악은 필자의 주장이지만 자연에 없는 것이 아니라 실존했고, 지금도 실존한다. 이를 부정할 것인지에 대해서는 순전히 독자들의 판단 능력에 달렸다.

혈에 의한 혈증이 자연(山)에 없다면 이상(4신사, 장풍과 득수, 용, 득수, 형국, 수맥과 기맥, 영적 능력, 기타)에서의 논리가 옳다고 볼 수 있겠지만, 자연에 엄연한 혈증이 있음에도 이를 부정한다면 합당한 처사가 아니다. 이는 풍수 고전의 서책, 지금 주장되는 5악의 서책과 풍수 정혈 주장인들 그리고 자연에 있는 혈증 6악 등에 대해 인정하지 않는다는 논리이기 때문이다.

한편 필자가 연구한 6악에 의한 혈증은 객관적인 데 반해 이를 부정하는 주장자들의 주장은 상당히 주관적이다. 더군다나 현장에 있는 혈증을 부정한다는 것은 억지춘향이다.[2] 자연에 혈증이 없으면 몰라도 자연에 있는 것을 부정하는 논리는 혈을 이미 주장한 풍수학술인들이나 서책도 부정하는 논리가 된다. 이는 특정 다수인들의 논리를 부정하는 처사로 이해에 동의하기 어렵다.

히물며 회장을 필두로 집묘(조고, 윤 대통령)한 경우에도 섣부른 결과론으로 결정하여 너무 쉽게 주장하는 등 주관적인 사항을 내포하면서도 혈증을 모독하는 행위가 있어 그에 따른 여파가 작지 않다. 하지만 필자는 혈증이 있는 곳에서만 수작업으로 천공하는 노력을 지금도 계속 진행하고 있고, 혈이 아니면 고하를 막론하고 매장하는 일은 추호도 용서치 않는 가장 근본적인 마음의 여유를 가지고 있으며, 독자들도 이러한 자세를 가져야만 혈의 가치가 증대될 것이다. 밥그릇은 뜻(함양)에 따라 크기가 정해질 것이다.[3]

---

2   혈증인 6악이 있는데도 불구하고 이를 부정한다면 우선 여러 가지 문제가 대두된다. 첫째로 풍수 고전부터 새로운 이론이 객관적으로 있어야 할 것이며, 두 번째로 현장에 있는 6악 등의 혈증에 대해서 그 어떤 논리가 있어야 하며, 종국에는 풍수 고전 등에서 주장되는 혈증은 부정되어야 하므로 이상과 같은 문제점에 대해 학술적으로 객관화가 이루어진 뒤에야 비로소 새로운 이론이 되어야 할 것이다. 이처럼 이러한 3가지 문제점이 있음에도 해결책 없이 나의 것만 올바르다는 사이비적인 풍수술을 주장하는 것은 너무나 주관적으로 어불성설일 뿐만 아니라 내로남불이다.

3   필자의 저서 『혈 인자수지』, 『대통령 풍수 혈로 말하다』가 참고될 것이다.

[표 1] 주장자들의 상호 분석 비교

구분	주관적	객관적	비고
4신사	정확한 위치 어려움	결여	부정확
풍수(장풍 득수)	부정확	결여	부정확
수맥과 기맥	사람마다 상위	결여	본인 최고
영적 능력	사람마다 상위	결여	본인만 인정
기타 (주역, 육임 기문, 무당)	서책마다 상위	결여	상호 불일치
6악(혈증)	과학적	종선과 횡선(+) 연결	관산자 상호 동의

1장 혈이 찾아질까

2장

혈증 십서

(穴證 十書)

인생은 생ㆍ로ㆍ병ㆍ사ㆍ묘(生老病死墓)이다. 혈은 인간의 마지막 종착역이다. 죽음 다음의 종착역이 묘지이기 때문이다. 이처럼 혈의 중요성은 고귀하며 대단하다. 혈증 십관에서 혈을 증명하는 제일 혈증은 1'j'이며 다음은 2선(旋)ㆍ3성(星)ㆍ4상(象)ㆍ5순(脣)ㆍ6악(嶽)ㆍ7다(多)ㆍ8요(曜)ㆍ9수(宿)ㆍ10상(葬)이라 징했지만 강조하는 의미에서 재차 설명된다.

이외에도 혈증은 많다. 다만 중요도와 십서를 외운다는 차원에서 후순위로 밀리는 경우로 생략하였을 뿐이다. 그들 각각은 3부 실증 관산으로 확인된다. 중요도는 다 같지만 일단 일관부터 무게가 실린다. 따라서 'j' 자가 확인되면 혈이 될 가능성이 있고 선룡 선수가 있으면 혈이 확정된다. 이러한 절차로 혈이 이루어지면 장사까지 서(書)가 아닌 실제 행동인 관(觀)이 완성된다.

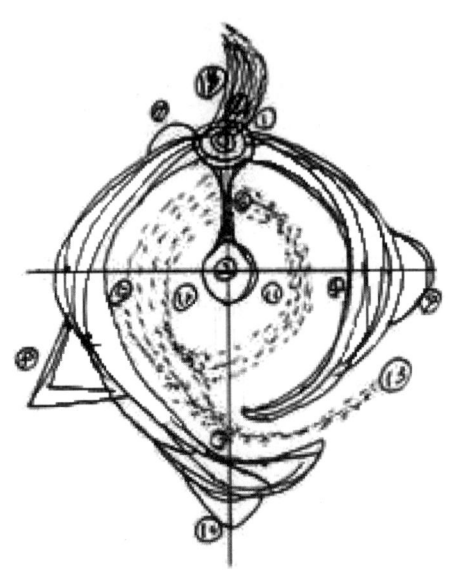

[그림 1] 혈증들

①은 입수,
②는 혈,
③은 전순,
④는 좌선익,
⑤는 우선익,
⑥은 입혈맥,
⑦은 귀성,
⑧은 요성인 파조,
⑨는 요성인 타탕,
⑩은 관성,
⑪은 좌선수,
⑫는 우선수,
⑬은 합수,
⑭는 선룡입수.

1. 一觀: 1j

'j' 자는 필자가 가장 중요하게 다루는 원칙이다. 일관인 만큼 명백하게 증명되는 명증(明證)의 대원칙이 j 자이다. 실내외에서 혈에 대해 강의를 할 때 자주 설파하는 단어가 j 자 이론이다. 서자서 산자산(書自書 山自山)이 되어서는 곤란하다. 글이 어렵다고 하여 산에 가면 굽힌 손가락을 가리키면서 이 'j' 자 하나만 찾으면 혈이 찾아진다고 말하는 것이 'j' 자 이론이다. 교육하기가 상당히 힘들기 때문에 최종적이면서 마지막으로 말하는 논리이다.

'j' 자는 반드시 알아야 하는 내용이다. 'j' 자가 없으면 그 나머지는 의미가 없다. 즉, 혈의 여부가 결정되기 때문이다. 'j' 자가 없는 혈은 존재할 수가 없다. 혈증십서(穴證十書)는 풍수 필독서가 아니라 혈증 필독서로 이해하고 외워야 한다. 혈증을, 혈을 이해해야만 만사가 해결되기에 그렇다는 말이다. 'j' 자는 굽혀진 손가락이나 굽혀진 팔 모양만 알면 된다.

(1) 뜻

"가다가 중지하면 아니 간 것만 못하다."라는 명언이 있다. 풍수에서는 다른 뜻이 있으므로 올바른 이해가 필요하다. 가다가 중지해야만 혈이 되는 원리인 'j' 자 이론이다. 'i' 자는 진행하는 글자이지만 'j' 자는 하단부가 돌아가는 형태로 멈춘 모양이다. 이러한 'j' 자는 필자가 찾아낸 것으로 혈의 하단부가 이 j 자처럼 돌아야만 혈이 생긴다.

혈은 이러한 형태가 있어야만 생성되는데, 만약에 없는 경우에는 혈이 되지 못한다.

심심풀이 삼아 이해를 높이기 위해 영어인 'end'와 'den'을 한번 음미해 보면 재미있을 것 같다. end는 우리말로 '끝'이다. 여기서 d를 앞으로 낮겨서 보낸 den이 된다. den은 보금자리인 '방'이 된다. end가 되어 멈추면 den이 되므로 혈이 자연스럽게 이루어지는 논리여서 의미가 있다. 방은 마침내 혈이 되는 이치로, 참으로 재미있는 난센스 퀴즈이다.

물론 웃자고 한 말이지만 'j' 자가 끝인 마지막이 되어야 멈추는데, 그 멈춘 곳이 혈이 쉴 수 있는 보금자리인 방이 되는 것이다. 보금자리는 혈로서 묘지든 집이든 가장 필요로 하는 것이 풍수인들에겐 현실이자 사실이다. 풍수는 입정불입실(入庭不入室)[1]이고, 혈증에 의한 혈은 입정입실(入庭入室)이다.

(2) 모양

'j' 자는 3가지가 있다. 90°, 180°, 270°로 굽어지는 형태에 따라 3가지가 된다. 90°의 각도는 직접적인 혈증인 6악의 하나로 전순까지 돌아간 형태로, 일본어 히라가나 글자인 'ぅ' 자 모양이 된다. 180°는 'j'

---

1 입정불입실은 혈로 말하면 곤란하다. 풍수로 말해야 답이 된다. 풍수는 일반적인 4신사로 보는 집의 구조이다. 집을 지을 때 앞으로 갈까, 뒤로 갈까, 옆으로 이동할까, 하는 방식의 논리가 되기 때문에 입정불입실이 된다. 이에 비해 혈증인 혈은 전·후·좌·우·상·하의 운신 폭이 없다. 종선과 횡선에 의한 + 자는 고정되어 있다. 고정된 곳이 혈이며 이는 입정입실이다.

자 모양으로 그보다 조금 더 꼬부   [그림 2] 'j', ɔ 자와 낚시 고리 모양
라진 것으로 전순이 완전하고 탄탄
하다. 270°는 마치 낚시 고리의 형
태로 완전히 전순을 감아올려 반대
편 선익 일부까지 돈 것으로 가장

완벽한 혈증이다. 'j'는 외측의 선익으로 내측의 선익을 감아 주는 역
할이 되며, 이 역할이 되어야 올바른 'j'가 된다.

(3) 생성되는 이유

'j' 자는 자연에 의해 만들어지는 것이다. 그런데 이 'j' 자는 임의로
만들어지지 않는다. 자연에 의한 어떤 규칙이 있어야 만들어진다.
첫째는 자체적인 힘에 의해 만들어지는 것이다. 두 번째는 타의에 의
해 만들어지는 것으로 도움을 받아야만 혈이 형성되며, 세 번째는 자
의와 타의가 공동으로 만들어진다.

이 가운데 처음에 주장되는 자제적인 힘에 의한 빙법이 대부분으
로 주류이다. 용진하는 맥선의 좌우측에 파조와 타탕이 연속적으로
붙어 'j' 자 모양이 되면 마무리가 된다. 글자의 모양대로 되면 선룡이
좌선이 된다. 좌선룡은 우측의 근저가 되는 것으로 우측에 마무리가
완성된다는 것이다.

다음은 타의에 의해 이루어지는 것으로 물이 그 역할을 한다. 급한
물이 흘러내리면서 맥이 손상됨으로 인해 맥선이 한쪽으로 치우치게
되어 이로 하여금 마무리가 완료된다. 맥의 근저가 분명하다.

다음은 함께 이루어지는 것으로 자의와 타의의 합동작전으로 이루

어져 'j' 자가 생성된다. 이처럼 혈증의 1법칙인 'j' 자는 엄청난 흔적으로 그 자체가 혈이 된다는 증거적 의미다.

(4) 혈과의 관계

'j'의 섬(·)이 혈이 되고 ⏄ 밑은 선익과 선순이 되며 그 선봉이 이름 지어진다. 지금의 글자처럼 되는 것이 좌선의 모양새다.

(5) 나타나는 효과

'j' 자가 있다면 혈이 된다. 이처럼 'j' 자는 혈을 만드는 직접적인 요소로 효과가 곧바로 나타난다.

(6) 있는 것과 없는 것

'j'가 없으면 혈이 아니다. 반면에 'j'가 있으면 혈증이 된다. 있는 것과 없는 것의 차이는 혈의 여부를 따질 때 엄청난 차이가 난다. 혈의 여부는 'j' 자로 결정되기 때문이다.

2. 二觀: 2선(二旋)

양선(兩旋)을 알면 혈의 여부가 70% 결정된다고 현장에서 필자는 항상 설명한다. 선은 돌 '선' 자로 '돈다', 즉 회전한다는 의미이다. 풍수가 아닌 혈은 대부분 돌아가는 회전이 있다. 애기를 안은 어머니 배 속이 둥근 모양이다. 마찬가지로 혈도 돌아야 한다는 원칙은 같다. 선룡은 산의 움직임이며 기운은 귀·부·손을 관장하는 것으로 힘이 비교적 기운차다. 수도 마찬가지로 용의 움직임에 따라 도는 형태는 같다.

(1) 방법

좌선은 좌측에서 출발하여 우측에서 마무리가 되어야 올바른 선룡 선수가 된다. 우선도 마찬가지로 좌선의 내용과 같은 형태가 된다. 선룡 선수는 정지 관성이 되어야 비로소 올바른 혈이 될 수 있다. 운동 관성이 되면 곧장 흘러가는 형태가 되어 올바른 자리는 되지 않지만 맥은 튼실해진다.

(2) 생성되는 이유

선룡 선수의 선(旋)은 '돈다', '회전한다'는 의미로 선룡이 결정되면 그 부분으로 탁이 붙는 경우가 많다. 덕이 아닌 다조가 붙는 경우가 있지만 타탕보단 역량이 떨어진다.

(3) 하는 역할

① 선룡

기록적인 통계는 『혈 인자수지』, 『대통령, 풍수 혈로 말하다』에서 참고가 될 것이다. 주된 역할은 좌선과 우선에 따라 다르게 해석된다. 좌선은 명예와 관록을, 우선은 여자와 부를 상징한다. 다만 남자의 예에 따르면 그렇다는 말이다.

여자는 바꾸어서 해석한다. 여자이면서 우선이면 관록과 명예로 해석하면 된다. 박근혜 대통령의 조부모 자리가 우선이다. 우선이지만 대통령이라는 직책과 명예를 가졌다. 하지만 불명예인 탄핵에 대해서는 정치적 발음에 의한 것으로 기운에 대해 운운하는 것은 무리다.

- 좌선: 좌선은 버슬을 관장한다.
- 우선: 우선룡은 부를 관장한다.

② 선수

선수 또한 선룡과 같은 의미가 된다. 선룡과 선수는 반대적인 개념으로 인식되는 경우가 있는데, 같은 논리로 봐야 한다. 용이 가면 물도 따라가고 물이 가면 용도 같이 따라가는 것이 자연이다.

풍수 현장에서는 합국이라는 논리로 선룡이 좌선이면 선수는 우선이라야 한다는 식으로 평가한다. 이러한 논리는 자연을 그르친다. 물이 가면 용도 같이 가는 자연의 이치가 이러함에도 불구하고, 따로 국밥처럼 따로 노는 것이 좋은 현상처럼 설명되는데 이는 잘못된 상식이다. 따라서 선룡과 선수는 같은 방향으로 흘러가는 것으로, 이는 자연의 법칙이다.

(5) 나타나는 효과

선룡이 확인되면 혈의 여부가 결정되는 요소로 상당히 중요하다. 선룡과 선수는 같이 돌아가기 때문에 산의 섭리만 이해되면 찾아보기가 비교적 쉽다. 선룡은 좌선과 우선으로 구분되며 귀 · 부 · 손을 결정한다.

(6) 있는 것과 없는 것의 이해

선룡 선수가 없는 맥은 사용 불가이며, 반드시 있어야만 혈이 결정되는 기준이 된다.

[표 2] 'j' 모양과 선룡 이론의 현장 분석(분석 ○표시)

구분	굽어진 각			선룡		비고
	90°	180°	270°	좌선	우선	
'j'모양						
선룡						

3. 三觀: 3성(三星)

3성은 직접적인 혈증인 6악의 외곽에 붙은 것으로 플러스(∣)적인 역할을 하는 사(砂)로 부가적인 의미가 강하다. 기본적인 6악보단 3성이 있는 것에 대한 효과는 엄청나게 배가된 기운으로 존재한다. 또한 요성은 타탕과 파조로 구분된다.

(1) 뜻

3성은 단독으로 이루어지는 것은 아니다. 항상 입수나 전순 선익에 붙어 있어 간접적으로 혈을 돕는 역할이 주 임무이다. 하지만 기운은 선익보다 배가된다. 따라서 3성의 여부는 혈 기운 면에서는 대단하게 다루어진다.

선익에 사(砂)가 붙어 있으면 기운이 커진다. 기운의 정도는 굽어지는 기울기의 각도에 따라 힘의 정도가 다르다. 황금각이 좁아지면 기운은 커지는 반면, 각이 넓어지면 기운은 반감된다. 따라서 좌우의 신익의 각도가 크나면 요성이 붙어 있지 않다는 것을 식감해야 할 것이다.

(2) 모양

요성은 타탕과 파조로 좌우측의 선익에 붙어 있다. 관성은 전순의 아래쪽에 붙어 있다. 귀성은 입수 뒤에 붙어 있으며 모양은 목·화·토·금·수의 5행에 의한 모양으로 되어 6악의 주변에 붙어 있다.

(3) 혈과의 관계

3성은 혈에 강한 기운을 선사한다. 기운의 정도는 배가된다. 붙어 있는 것과 없는 것의 차이는 2배 이상의 역량을 보인다. 특히 요성은 8요로 새롭게 해석되는 특징이 있다.

(4) 나타나는 효과

효과는 플러스(+α) 알파적인 역량으로 나타난다. 여건은 3성이 하나로 되어 있는 경우와 여러 개로 되어 있는 것도 있다. 많이 붙어 있으면 있을수록 기운은 배가된다. 특히 관성이나 요성이 여러 개 붙어 있으면 더욱 좋다.

관성이 많이 붙어 있는 곳으로는 최규하 전 대통령의 조상 묘지가 있다. 숫자를 헤아리기 어려울 정도로 많은 관성이 있다. 3성은 흙과 암으로 되어 있다.

4. 四觀: 4상(四象)

혈 4상은 혈의 이름이며, 말 그대로 혈상의 형태이다. 사람은 나면서 이름이 주어진다. 혈도 마찬가지로 명당이라는 칭호보단 혈상에 의한 이름이 되어야 한다. 그런 취지로 볼 때 크게 4가지 형태로 구분된다. 보다 더 세부적으로 분석하면, 각각의 혈은 6가지로 나누어진다.

(1) 뜻
혈상은 와 · 겸 · 유 · 돌의 혈 형태로 구분되며 이름이 지이진디. 혈증 6악에서 이름이 지어지는 주된 요소는 선익이다. 혈의 구분은 선익이 판가름하기 때문이다. 와혈도 선익이 판단하고, 겸혈, 유혈, 돌혈도 선익이 한다.

와혈은 수평으로 보면 선익이 혈을 감싼 형태가 되면서 선룡이 되는 선익과 연결된 전순이 있다. 겸혈은 와혈과 마찬가지로 선익이 혈을 감싼 형태는 같지만 선익 안에 전순이 있다. 이 둘의 차이는 선익에 의한 전순의 위치가 결정된다는 점이다. 유혈은 선익이 혈의 몸체 속에 들어 있으며, 돌혈은 수직으로 돌출되어 있는 점이 독특하다.

이를 현침사라 하는 것으로 그 모양이 이채롭다.

따라서 혈 4상에 대한 이름 규명은 선익이 한다는 대단한 사실이다. 즉, 혈상의 구분은 선익의 판단 없이는 불가능하다. 반드시 선익이 확인되어야 혈의 4상이 구분된다. 선익의 확인 없이는 혈 4상의 이름은 의미가 없다.

(2) 구분

① 와혈

와혈을 위(上)에서 수평으로 보는 형태로는 정와 · 협와 · 변와가, 수직의 깊이로 보는 모양은 천와 · 심와가 있다. 와혈을 순서대로 펼쳐 보면 정와와 천와, 정와와 심와로, 협와와 천와, 협와와 심와로, 변와와 천와, 변와와 심와로 6종이 된다.

② 겸혈

겸혈은 길이로 보는 형태로 장겸 · 중겸 · 단겸으로, 직선과 곡선의 굽어지는 정도로 직겸과 곡겸으로 나누어진다. 세분하면 장겸은 직겸과 곡겸으로, 중겸은 직겸과 곡겸으로, 단겸은 직겸과 곡겸으로 6종이 된다.

③ 유혈

유혈은 길이에 따라 장유 · 중유 · 단유로, 크기에 따라 대유 · 소유로 구분된다. 세분하면 장유는 대유와 소유로, 중유는 대유 소유로, 단유는 대유와 소유로 6종이 된다.

④ 돌혈

돌혈은 크기에 따라 대돌 · 중돌 · 소돌로, 산과야로 구분하는 산돌
과 평돌로 구분된다. 이를 세분하면 대돌은 산돌과 평돌로, 중돌은
산돌과 평돌로, 소돌은 산돌과 평돌로 6종이 된다.

(3) 구분의 필요

혈 4상을 알아야 재혈이 된다. 혈 4상의 구분됨이 없이 재혈은 의
미가 없다. 재혈은 심장과 천장으로 나누어진다. 심장은 유혈과 돌
혈에서, 천장은 와혈과 겸혈에서 적용되는 것이 올바르다. 혈상의
구분이 어려우면 장사는 말짱 도루묵이 된다.

5. 五觀: 5순(五脣)

5순은 8요와 함께 장사를 하는 데는 아주 기본적인 요소 중의 하나
이다. 장사 때의 5순은 와혈과 겸혈에서 필수적으로 알아야 한다. 이
와 더불어 8요는 유혈과 돌혈의 장사 기법이다. 5순을 모르고 장사를
지낸다는 말은 숲을 모르고 나무만 베는 꼴이 된다. 이처럼 전순의
형태는 대단히 중요하므로 5가지 전순의 종류를 꼭 알아야 한다. 얼
굴에 있는 턱과 입술이 아주 유사하다.

(1) 구분

전순은 목·화·토·금·수의 5행으로 구분되며 목은 삼각형의 모양으로, 화는 촛불 모양이 3개로, 토는 일자문성의 일(一)자로, 금은 둥근 봉우리의 형태로, 수는 병풍 모양으로 전순의 형태이다. 화형과 수형은 날카로워 꺼리지는 것이 원직이지만 복형과 금형과 토행은 좋은 전순으로 친다. 다만 금형이 으뜸으로 가장 많고 목형과 토형은 드물다.

(2) 형태

전순의 형태는 5종으로 구분되나, 모양을 고려하여 일직선으로 정하면 된다.

- 목형의 종선: 전순의 뾰족한 부분이 일치되도록 하면 된다. 입수와 혈 그리고 삼각형 전순의 뾰족한 부분을 연결하면 종선이 완성된다.
- 화형의 종선: 삼각형 형태의 전순에서 중앙에 있는 꼭지점을 기준으로 정렬하면 종선이 된다.
- 토형의 종선: 일자 문성처럼 생긴 전순의 중앙을 기준으로 하여 연결하면 종선이 완료된다.
- 금형의 종선: 전순의 둥근 만곡부를 중심으로 입수와 혈과 연결하면 종선이 된다.
- 수형의 종선: 병풍 모양의 전순에 중앙을 기준으로 하여 종선을 그으면 된다.

6. 六觀: 6악(六嶽)

6악이 혈의 이름(성명)을 갈음한다. 혈 4상의 판정이 6악이며 이는 자연에 있다. 서론에서 말한 바와 같이 자연에 없다면 온갖 이설이 판치는 현실이 풍수이지만, 자연에 혈증의 으뜸인 6악이 있다는 사실이 이들을 부정하게 하는 것이다. 이처럼 혈증에 있어서 6악은 대단히 중요하다.

중요하지 않은 혈증이 없다고는 하지만 그중에서도 가장 확실하게 다루는 내용으로서 가장 기본적이면서도 기초적인 요소이다. 6악이 되지 못하면 혈이라 할 수 없다. 혈에서는 가장 필요로 한 것이 6악이고, 3성이나 일관 'j' 자와 2관 선룡이 중요하지만 6악이 갖추어지지 않는 혈증은 의미가 없기 때문이다. 따라서 6악은 혈을 증명하는 혈증 중에 핵이며 핵심이다.

(1) 뜻

6악은 입수 · 입혈맥 · 혈 · 전순 그리고 양선익이다. 입수는 오는 기운을 정제한 후 입혈맥으로 입혈을 하는 의무가 주어진다. 입혈맥은 혈로 전달하는 통로다. 입혈맥의 물길을 갈라 주는 역할이 추가되기도 한다. 다음은 혈이다. 혈증의 요소 중 가장 중요한 것이 혈이며 혈이 완성되는 종착점으로 마지막 마지노선이다.

다음은 전순으로 기운의 멈춤이 있도록 하는 마지막 역할이다. 풍수 고전의 그림에선 전순이 보이지 않는다. 6악인 선익은 혈증의 요소 중 으뜸이다. 혈의 이름을 판단하고 혈명을 성명하는 요소가 선익으로 혈증의 주요한 요소가 된다.

(2) 역할

입수는 혈증의 최상위에 위치하는 요소로 기운을 성제한 다음 입혈맥으로 입혈하는 역할을 한다. 입혈맥은 기운이 완전하게 혈로 진입되도록 하는 통로가 되며, 물을 분산시키는 일을 주로 한다. 입혈맥이 없으면 물이 갈팡질팡하여 물길이 엉망이 되므로 대단히 중요한 역할을 한다.

혈은 기운의 종착점으로 마지막 단계로 가장 중요하다. 혈의 핵심이 되는 6악 중의 가장 중요한 1악으로 기운의 집합 정도를 체크하는 기관으로 혈의 핵이다. 와혈에서 전순은 기운이 새어 나가지 못하도록 하는 역할이 주 임무이다. 기운이 새어 나가면 혈의 생명은 다한 것으로 기운이 빠져나간다는 것은 의미가 없다.

선익은 2개로 혈의 외측에 위치하는 요소로 좌우로부터 바람이나 물의 침범을 막아 주는 역할을 할 뿐 아니라 기운이 새어 나가지 못하도록 하는 방어적인 수단도 겸한다. 혈 4상의 이름도 선익이 판정한다.

이처럼 혈증인 6악은 어느 하나 중요하지 않는 것이 없을뿐더러 각 요소의 할 일이 있는 혈증으로 혈의 판가람, 완성도를 높이는 각각의 1악들이다.

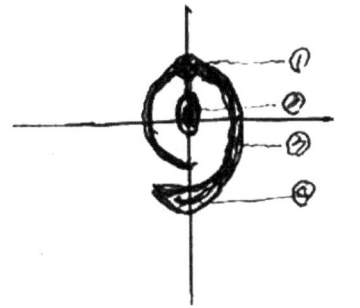

[그림 3] 6악의 요소

①은 입수, ①과 ②사이는 입혈맥,
②는 혈,
③은 좌선익,
③의 반대쪽은 우선익,
④는 전순, 그 아래는 관성.

(3) 종류

① 입수

입수는 입수맥을 통해 들어오며 약간 높다. 측면에서 바라보면 높은 곳이 우뚝 서 있는 봉우리처럼 보인다. 이를 수직으로 쳐다보면 보이는 것이 입수다. 일반적으로 입수는 탱글탱글하다고 표현하는데, 양명함을 나타낸다. 나지막한 맥으로 연결되기 때문에 물을 갈라 주기도 하는 역할을 함으로써 밝게 나타나는 것이다.[2]

거친 용을 통과한 맥은 입수에서 부드럽고 적정힌 기운으로 정제한 다음, 연결 고리인 입혈맥으로 전해진다. 이처럼 입수는 기운이 거칠면 부드럽게 하고, 약한 기운은 강해지도록 하는 역할을 한다. 입수가 튼실하지 못하면 기운이 상실되어 하단부 조직인 입혈맥으로 올바르게 연결이 되지 못한다. 혈장에서의 입수 역할은 맨 처음으로 출발하는 맥으로서 대단히 중요하다.

---

2 양명하다는 것은 상대적인 비교로 물길보다 밝게 보인다는 것을 의미한다. 절대적인 비교가 아니다.

2장 혈증 십서(穴證 十書)

② 입혈맥

입혈은 입수에서 혈로 내려온 기운이다. 입혈맥은 입혈이 통과된 경로로서 혈까지 들어가는 통로의 기관을 의미한다. 입혈맥이 없으면 물을 분수해 주지 못한다. 물의 분수는 맥을 양명하게 할뿐더러 1 분합의 완성도를 높이는 역할을 하기도 한다. 좌측과 우측의 불실을 구분하는 역할도 입혈맥이 한다. 따라서 입혈맥의 부실은 분수척상(分水脊上)의 역할도 하지 못하는 형편없는 행위로 혈이 생성되지도 못한다.

③ 혈

풍수 논리상 가장 핵심적인 요체가 혈이다. 혈은 혈장 속에 존재하는 중심체로서 기운을 저장할 뿐만 아니라 풍수인들이 말하는 발복의 기폭제가 되는 혈증 중의 가장 중심이 되는 요소이다. 일반적인 혈은 혈장 속의 알맹이를 의미하는 것이다. 따라서 혈은 혈증의 가장 한가운데에 자리 잡은 핵으로 혈장의 요체다.

④ 전순

전순의 중요성은 기운의 정지이다. 일반적으로 기운의 흐름은 상에서 하로 흐른다. 최하단부인 전순은 기운이 정지하도록 하는 역할을 한다. 그들이 j 자와 전순이다. 전순이 없는 혈은 없다. 그만큼 전순은 필수의 혈장체가 된다.

⑤ 양 선익

좌선익은 왼쪽에서 시작되어 오른쪽으로 돌아가는 선익을 말하며, 우선익은 오른쪽에서 시작되어 왼쪽에서 끝나는 모양이다. 큰 쪽의 선익이 선룡을 좌우하는 것이 일반적이다. 하지만 꼭 그런 것은 아니다. 경상북도 칠곡군 지천면에 있는 광주이씨 입향조는 작은 선익에 의해 전순이 연결되는 특별한 사례도 간혹 발견된다.

7. 七觀: 7다(七多)

(1) 종류

'들었다', '벌렸다', '붙었다', '돌았다', '떨어졌다', '안았다', '멈췄다' 등 '다'로 끝나는 것이 7개로 많아, 많을 '多'로 소제목을 정해 표현했다.

- 늘었다: 입수가 들린 형태이나.
- 벌렸다: 입수에서 좌우 선익으로 벌린 상태이다.
- 붙었다: 3성이 입수전순 양선익에 붙은 경우이다.
- 돌았다: 가장 중요한 것으로, 혈을 중심으로 선익이 돌아야만 보호는 물론 혈이 둥글게 되는 원리를 의미해서 붙인 이름이다.
- 떨어졌다: 용어는 좌우의 선익이나 전순이 떨어져야만 돌기 때문에 떨어진 이치를 확인하기 위한 표현이다.
- 안았다: 큰 선익이 작은 선익을 안아야만 혈이 응축된 형태가 된다.

- 멈췄다: 전순이 완료된 형태가 멈춘 경우이다. 자세한 모양은
다음 그림과 같다.

[그림 4] 7다 원칙

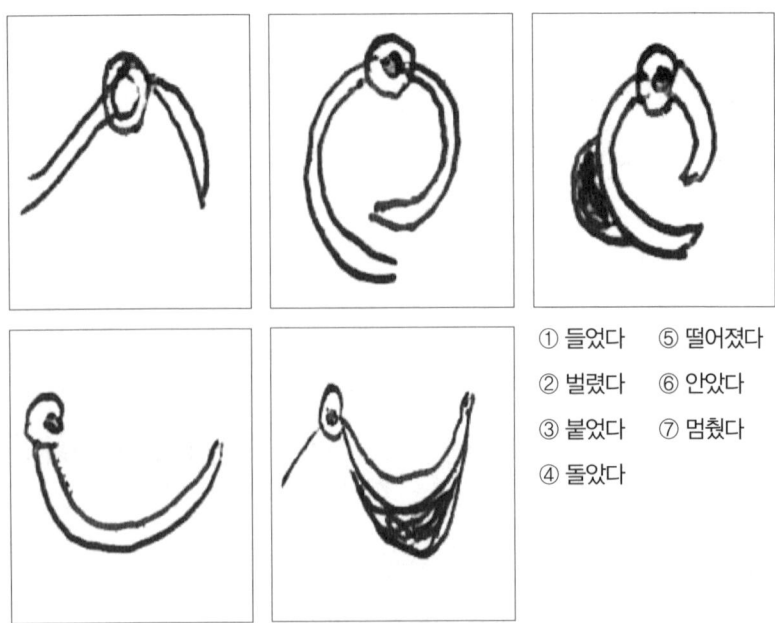

① 들었다   ⑤ 떨어졌다
② 벌렸다   ⑥ 안았다
③ 붙었다   ⑦ 멈췄다
④ 돌았다

(2) 나타나는 효과

7다 원칙이 되지 않는다면 혈의 생산은 불가능하다. 각 요소들의
기능이 이 원칙이 있어야만 되기 때문에 7다 원칙이 없으면 혈은 생
성되지 않는다.

8. 八觀: 8요(八曜·八嶢)

8요는 5순과 함께 장사를 진행할 때 필수적으로 이해해야만 올바른 진행이 된다. 8요는 와혈과 겸혈의 장사 시에 좌우 선익과 8요를 이해해야만 올바른 장사가 된다. 기운을 가진 8요에 대한 힘을 받아야 하는 조건 때문에 심장을 하는 이유가 여기에 있다.

혈증의 기본인 6악만 있는 것과 8요가 붙어 있는 것과의 장사상 차이는 크다. 격이 판이하기 때문이다. 8요는 파조와 타탕으로 구분된다. 파조와 타탕은 좌우 선익에 붙어 있는 것으로 8요가 없는 것도 있다. 이들의 숫자가 8개로 8요라고 풍수고전이나 근래의 서책에서도 전해지고 있다.

(1) 뜻

좌우의 선익이 2개로 3종이 있어 8개가 된다. 개수는 2 × 2 × 2=8이다. 왜 8요를 알아야 하는가에 대한 문제는 재혈 시 깊이에 대한 짐작이다. 와혈의 경우 8요가 붙어 있으면 선익을 기준으로 하는 것이 아니라, 붙은 요성을 기준으로 재혈의 깊이를 산정해야 한다. 이에 따라 8요를 모르는 무지 상태에서의 재혈은 깊이에 따른 피해가 발생한다. 재혈의 깊이가 깊어도 문제가 되며, 얕아도 문제가 되기 때문이다. 이처럼 하자를 예방하는 차원에서도 8요를 알아야 한다. 8요, 3성, 5순을 알아야 올바른 장사가 된다. 이러한 사실을 모르고 장사를 지낸다는 것은 효과적 측면에서 한번 다루어 봐야 할 것이다.

(2) 종류

8요는 선익에 붙어 있는 3성으로 8개의 형태가 있다. 좌측 선익과 우측 선익에 각각 3개가 되는데, 요성이 없는 것, 파조 모양, 타탕 모양으로 같은 형태가 되거나 교차되거나 혹은 없는 요성과 혼합되어 구성된다. 물론 요성이 없는 것보단 있는 것이 품격이 높다. 파조보단 타탕이 높다.

(3) 혈과의 관계

8요가 있으면 플러스알파(+α)적인 효과가 있다. 혈의 외측을 단단하게 하는 역할과 안전의 우려가 감소된다. 선익만 있어도 혈이 완료되지만 8요가 붙으면 이중으로 보완되기 때문에 상당한 의미가 있다. 기운의 역량이 배가되는 것은 당연하다. 선호하는 조건이 따로 있는 것이 아니라 3성이 붙은 혈증은 그만큼 유리하기 때문이다.

9. 九觀: 9수(九宿)

9수는 28수에서 따온 용어다. 혈증의 기본인 6악을 5수로 하고, 4수는 3성에서 따와 9수로 표현한 것이다. 5수는 무조건적으로 필수이며 4수는 있는 것도, 없는 것도 있을 수 있으므로 재차 확인해 보는 재미가 있을 것이다. 9수가 있다면 완벽한 것이다. 9수를 재음미하는 차원에서 다루면 될 것으로 보이며, 수를 붙인 이유는 별을 상징하기 때문이다.

6악은 혈의 여부를 결정짓는 요소로 가장 중요하다고 누차 강조한 바 있으며 필수적인 필요조건이다. 이에 비해 3성은 간접적으로 적용되는 충분조건이다. 따라서 혈을 찾는다면 6악인 입수, 전순, 선익, 입혈맥, 혈과 3성인 귀·관·요를 반드시 숙지하고 이해해야 한다. 각각의 임무는 이해가 되어야 하며 상호 보완적으로 적용된다고 생각되면 현명한 해석이 되리라 본다.

6악과 3성이 있으면 혈의 완성도가 높아지는 것이다. 필요조건과 충분조건을 갖춘 무결점의 혈이 탄생되는 것으로, 이를 두고 6과 3을 합한 수로 9수가 된다. 3성이 있는 6악은 그야말로 온전하고 완전한 혈이다. 9는 숫자로 보아도 빈틈이 없고 萬(큰 수)의 수리다. 9수가 완비된 혈은 드물다. 찾기가 쉽지 않을 뿐 아니라 상당히 귀한 혈인 만큼 재차 논하여 상기하는 마음으로 재론이 되었다.

10. 十觀: 10장(十葬)

10장은 장법에 대한 열 가지 이론이다. 장사·재혈·성토·관곽·석회·숯·삼투압(鹽)·잔디·목저·마음 정리 등에 대한 각각의 내용이다.

(1) 장사

① 장법

장법의 핵심은 누가 무슨 소리를 하더라도 수작업이며, 그것이 최고의 미덕이다. 장비를 대는 작업 자체가 일단 마이너스적인 요소가 되고 그에 따른 피해는 크다. 땅이 울리고 수변이 훼손되기 때문이다. 지표면이나 땅의 조직이 깨진다면 문제가 하나둘이 아니다. 물이 들어가고 파괴되어 혈이 망가질 가능성이 있다.

장사는 쉬운 것이 아니라 어렵다. 묘지 안에 물이 들어가면 문제가 생긴다. 관곽은 결로 현상이 생긴다. 두 번째, 바람이 들어가도 문제가 된다. 세 번째, 6렴이 되어도 문제가 따른다. 네 번째, 너무 깊게 묻거나 얕게 묻어 시신이 지온의 변화를 받으면 문제가 있다. 다섯째, 천광 시 장비 등으로 땅이 울리거나 손상되면 묘역이 훼손된다.

이외에도 여러 가지 문제가 따라오므로 조심해야 한다. 먼저 물이 들어가는 것을 방지하기 위해서는 3번 이상의 디딤이 요구된다. 흙을 넣는 중간중간에 장비가 아닌 사람에 의해 꼭꼭 밟는 발 디딤을 하여야 물과 바람의 피해를 최소한으로 줄일 수 있다. 흙은 삼투압 작용을 한다. 디딤을 해야 하는 이유가 여기에 있다.

6렴의 문제점은 혈을 찾아 장사 지내면 해결된다. 혈은 6렴이 들지 못하게 설계된 것과 같은 조직체로, 침범에 의한 피해가 들지 못한다. 6렴은 혈이 아닌 곳에 장사를 지내면 피해가 따른다. 이는 필연이다. 깊이에 따른 천공은 혈격을 반드시 알고 장사를 지내야 한다. 와혈과 겸혈은 선익과 8요를 기준으로 천장이 되며, 유혈과 돌혈은 5격을 기준으로 한 전순의 이해가 필요하다. 심장으로 하는 이유가 여기에 있다.

필자는 지금까지 장사를 10곳 미만으로 했지만 100% 수작업으로 실행했다. 장비로 작업을 하면 땅이 훼손되며 울리면 피해가 예상된다. 땅 조직의 훼손을 최소화하는 방법이 수작업이다. 수작업은 원시적인 방법으로 괭이나 호미로 하는 수단이다. 많은 힘과 시간 그리고 경비가 들지만 이렇게 하지 않으면 의미가 없다. 묘역의 정리는 장비로 하는 것이 가능하지만 재혈만큼은 반드시 수작업으로 해야 한다.

② 차양 설치

당일 비가 온다면 문제가 하나둘이 아니다. 천광을 아무리 잘한다고 한들 물이 들어가면 혈의 효용 가치가 떨어진다. 장사 시 날이 좋든 싫든지 간에 비를 막을 수 있는 천막은 반드시 준비하여 천광 안에 물이 들어가지 않도록 조치를 해야 한다. 최소한 고인에 대한 배려가 이런 것이나.

아무것도 아닌 것처럼 생각되지만, 풍수인은 이러한 부분에 대해 세밀한 계획을 세워 장사를 이끌어야 한다. 하찮은 일 같지만 만일의 사태에 대비하는 준비가 되어야 한다. 천막 등 준비 없이 장사하다가 비를 만나 천광에 물이 들어간다면, 고인과 상주 등에 대한 피해는 말로 표현하거나 돈으로 보상할 수가 없다. 유비무환(有備無患)이 전장에서만 필요한 것이 아니다.

다음은 하늘의 문제다. 태양이 너무 작열해도 문제다. 격한 태양을 차단하기 위해서는 차양을 설치하여 태양의 열을 반감토록 하는 것이 좋으며, 작업을 하는 인부들에게도 종종 휴식이 될 수 있는 그늘은 상당히 의미가 있다.

(2) 재혈

① 수평

혈이 되어야 한다는 전제하에 장사가 되어야 한다. 장사는 먼저 혈증을 이해하고 시작해야 하는데, 종선과 횡선을 그으면 그 중심이 혈의 핵이 된다. 종선은 입수와 전순을 일(l)자로 그으면 된다. 횡선은 한일자(一)로 그으면 된다. 교차점 + 가 생기면 그 + 를 사자(死者)의 배꼽이나 낭심에 맞추면 된다. 종선과 횡선에 의한 + 자는 수평에 의한 첫 번째 재혈의 방법이다.

② 수직

수직의 재혈은 선익과 전순의 이해가 먼저다. 선익은 와혈과 겸혈에 필요하며, 전순은 유혈과 돌혈에 의한 재혈 측정의 기준이다. 먼저 이 부분을 이해해야만 수직의 재혈이 결정되기 때문이다. 선익이나 전순의 이해 없이는 불가능하다. 수직에 의한 천공을 위해 혈 4상에 의한 혈상이 먼저 결정되어야 하는 이유가 여기에 있다.

와혈과 겸혈은 얕게 파는 천장이 되어야 하며 그 깊이는 대략 1m 내외로 깊지 않다. 이에 비해 유혈과 돌혈은 깊게 파는 방법의 심장을 하여야 하는데, 혈 5격을 반드시 알아야 한다. 5격(5순)은 전순의 모양으로 깊이를 이해해야 하고 일반적으로 1.5m 정도로 비교적 깊다. 재혈이 완료되면 봉분 등 마무리를 하면 된다.

(3) 봉분의 모양

가장 자연적이고 원시적인 모양이 평장으로 으뜸이다. 하지만 묘지 조성의 추세나 상주들의 요구에 응해 봉분을 조성한다면 피라미드의 각도를 응용하는 것이 좋을 듯하다. 이 각도를 활용하면 사람에 의한 인공 '기'가 생성된다는 연구가 있고 실제로 그러한 데이터가 있다.

피라미드의 각도가 51°52″으로 책정되어 있다. 필자가 확인해 본 각도는 신라 왕릉에서도 나타난다. 우연의 일치인지는 몰라도 조선 왕릉은 더 완만하다. 실제로 이 각도를 유지하면 봉분의 안전성은 높아지는데, 현실은 조금 염려스러운 부분도 사실이다.

(4) 성토 및 석회

① 성토

성토는 아무도 주장하지 않는 분야다. 오직 필자만 주장하는 것이 아닌가 한다. 자연은 자연 그대로 두는 것이 최고 최선이다. 그런데 혈을 찾아 봉분을 만들면 자연은 훼손되게 마련이다. 지표면이 지상 위로 올라가 봉분이 조성된다면 나머지 혈증은 그대로 놔두어야 하는 문제가 생긴다. 바람과 물의 피해 등을 최소화하는 원칙은 자연의 훼손을 줄이는 것이다.

어떻게 하여야 하는가에 대한 해결 방안이 필요하다. 혈증인 6악이 있는 곳에 장사를 지내고, 1악인 혈이 위로 올라가는 봉분이 생긴다면 그 나머지에 대한 5악은 어떻게 하여야 하는가에 대한 문제 제기다. 1악인 혈이 지표면 위로 올라가 봉분이 만들어진다면 나머지 6악에 대해서도 흙으로 성토를 해 주어야 하는 문제가 남는다. 성토는 반드시 필요하다.

지상에 없는 봉분이 올라가면 바람이 분다. 바람이 불면 봉분은 풍(風)의 피해를 받는다. 이를 방지하는 차원에서도 나머지 5악에다 흙을 올려 주는 성토는 필연이다. 혈증인 6악에 대해서 성토는 반드시 필요하다. 따라서 혈이 되어 장사를 시내는 곳에는 혈증 6악에나 성토를 해 주어야 하며, 혈이 아니라면 의미가 없다.

② 석회

석회는 필수 자재이다. 물의 침범을 막아 줄 뿐만 아니라 6렴의 피해도 줄여 주는 역할을 한다. 재혈이 끝나면 흙으로 마무리를 하고 지표면의 높이까지 흙을 놓은 다음 그 위에다 석회 100%를 20㎝ 정도 덮고 깔아 준 다음 다시 위에다 흙으로 재차 덮은 다음 지압하면 된다. 간혹 석회와 흙을 혼합하여 관곽에 채우는 경우가 있는데, 그 방법은 무리가 있다. 혈이 되는 곳에서의 재혈 주변은 염의 피해가 없으므로 관곽에는 필요가 없다.

지상부에 물의 침투가 염려되기 때문에 이곳에다 석회의 처리가 필요한 것이다. 석회는 ph7 내외로 중성이다. 산성 토양은 알칼리가 많이 부족한 토양이다. 산성 토양은 중화가 되어야 온전한 토양이 되는데, 이 역할을 석회가 대신한다. 산성화된 토양에는 석회가 토양을 개량하므로 복구하는 차원에서도 상당한 도움을 준다.

산성화된 토양은 사자에게 이로운 것이 없다. 시신은 중성토양이 가장 선호되는 토양층이다. 따라서 석회의 사용은 2가지 차원에서 이롭다. 석회는 염을 차단할 뿐만 아니라 토양을 개량하는 역할로 이중적인 효과가 있다.

(5) 관곽

왕릉에는 관곽을 사용했다고 하지만, 민가에서는 주로 관만을 사용했다. 가장 좋은 방법은 관곽을 사용하지 않는 몰관이다. 관이 없다는 의미로 시체만 묻는 방식이 가장 좋다는 것이다. 죽으면 빨리 흙으로 돌아간다는 윤회 사상이 들어 있다. 하지만 지금도 대부분 화장을 하는데도 불구하고 보기 민망하다는 핑계로 관을 활용한다. 이는 재료의 낭비뿐만 아니라 돈의 논리나 탄소 중립의 의제에서도 문제가 있다. 따라서 몰관의 방법이 우선되어야 할 것이다.

다음은 합성관의 사용이다. 장례식장에서는 시대의 흐름에 따라 화학원료와 나무를 합성한 합성관을 사용하는데, 근본 폐단이 있다. 시신은 살아 있는 사람과도 같다. 집 안에 활용한 합성 페인트 등은 인체에 좋을 리가 없다. 죽은 사람도 같은 원리가 되어야 하는데, 두툼한 합성관을 이용한다. 이러할 경우 시신의 육탈은 물론 시체에도 좋은 영향을 끼치지 않는다. 남의 눈을 의식해 고가의 합성관을 이용하지만 실상은 문제가 따르는 것이다.

잘못된 사고는 고쳐야 한다. 또한 합성관은 부패가 쉽게 되어야 하는데도 불구하고 화학제품으로 인해 나쁜 악취와 부산물만 양산됨을 이해해야 할 것이다. 이러한 처사는 상주의 아픔을 증가시키는 산물로, 장례 상권의 문제도 대두된다. 합성관은 화장을 해도 문제가 되고, 결로현상도 있다.

(6) 숯과 삼투압

① 숯

숯은 재혈의 최하단부에 10㎝ 정도로 깔아 준다. 만에 하나 습기의 침투가 염려되므로 이를 방어하는 차원에서도 숯은 필요하다. 흡수하고 물을 쪼질하는 작용을 숯이 하고 있다. 따라서 상사 시에 숯을 활용하는 것이 아주 적절하고 긍정적이라 생각된다.

② 삼투압(염)

소금의 필요성이 대두된다. 소금은 흙과 함께 삼투압 작용을 한다. 습기를 빼 주는 역할이 있으므로 소금을 적절하게 사용하는 것은 이롭다. 특히 흙이 훼손되면 물의 투입이 염려된다. 장사를 마무리하고 나서 물의 합수 지점에다 일정량의 소금을 뿌려 주어 물을 흙 밖으로 나가도록 하는 역할의 소금 처리가 의미 있다고 본다. 장사를 주관하는 풍수인들은 한 번쯤 실행해 보는 것이 좋을 듯하다.

(7) 토양 소독

장사하는 곳이 혈인 곳에는 토양 소독이 필요하다. 토양 살충제로 지표면에 살포하여 정리하여야만 벌레 등의 발생을 방지할 수가 있다. 지표면 10㎝에는 태양 등으로 산화가 되어 벌레 등이 서식한다. 땅속 깊이에는 벌레가 들어갈 수 없지만, 얕은 지표면에는 벌레가 있다. 토양 살충제 등으로 처리하여 벌레를 차단하는 것이 좋다.

아무리 좋은 혈이라 해도 지표면은 흙이 오염되어 있어 해충이 있으므로 살충을 해야만 한다. 일반 풍수인들은 이러한 사실에 대해 무

감각 상태로 방심해 벌레의 서식 자체도 몰라 인지하지 못하고 있다. 이처럼 세세한 부분까지 준비가 되어야 할 것이다.

(8) 잔디와 목저

① 잔디

잔디는 봉분과 절하는 부분 등 평탄지에 처리하여야 한다. 잔디는 흙의 유실 방지가 목적이다. 가능하면 평떼를 심어 주는 것이 유리하다. 줄로 심는 줄떼는 시간이 지나야 완성되므로 짧은 시간에는 한계가 따른다. 다음은 심는 방법론이다. 경사지와 일치되지 않도록 하는 방향으로 심어야 한다. 경사지 방향으로 심으면 물길이 형성되어 피해가 있으므로 이러한 피해를 방지하기 위해서는 역방향(+ 방향)이 되도록 하여 잔디를 심으면 된다.

② 목저

묘지의 봉분은 경사가 크다. 경사가 있으면 흙이나 잔디는 무니진다. 나무젓가락은 무너짐을 예방한다. 봉분이나 평탄지에 경사가 이루어지면 목저를 활용하여 무너짐을 다스리면 된다. 잔디를 입히고 나서 경사진 곳에다 목저를 활용하여 지탱해 주는 방법이다. 이 방법은 노력에 비해 활용도가 높다. 따라서 경사지에는 목저를 사용하여 무너짐을 예방하는 것이 좋다.

(9) 나무 심기와 주변 정리

① 나무 심기

2장 혈증 십서(穴證 十書)

나무 심기는 봉분의 전방에 심는 것이 좋다. 수종은 꽃이 아름답고 100일 동안 피는 자미를 심으면 좋다. 자미(紫微)는 풍수적으로도 의미가 있지만 배롱나무를 자미(紫薇)라고도 하여 의미가 재미있다. 식물이기 때문에 '薇' 자에 풀 '艸'자를 붙여 이름을 명명한 것으로 판단된다.

자미는 여러해살이 나무로 한번 심으면 나무의 줄기도 고운 티가 나며, 나무의 값어치도 부가된다. 양양화·양양수·해당수·만당화·자형화·양반나무·간질나무 등 여러 가지 이름이 있는데, 그만큼 봉분 주변에 많이 심는 수종으로 알려져 있다. 자미는 하늘의 별인 북극성에서 왔다는 풍수적 의미를 아는 이가 많지 않다. 묘지 앞에 7그루 정도 심으면 보기에도 한결 좋을 것이다.

※ 소나무의 식재

소나무는 잔디가 있는 곳에는 문제가 있다. 소나무 뿌리와 잎에서 '갈로타닌'이 분비되므로 진달래와 철쭉은 자라지만 다른 식물은 자라지 못한다. 특히 잔디는 활착율뿐만 아니라 성장을 하는 동안에도 제대로 성장을 하지 못한다. 물론 그늘 속에서도 성장이 느린 것도 있지만 제초 성분에 의한 피해가 더 크다. 갈로타닌은 제초 성분이 있어 봉분 위에 심어진 잔디는 시간이 흐를수록 말라 죽는다.[3]

산에서는 소나무가 많은 무리로 존재하여 갈로타닌의 배출이 많아 잔디의 피해가 초래된다는 사실에 대해서 아는 사람이 별로 없다. 소나무는 가정에서도 마찬가지로 몇 나무 정도는 가능하지만 많은 수의 소나무를 심는다면 잔디는 물론 그 집에서 잠을 자는 사람에게도 좋은 영향은 아니다. 잠을 자는 방에서는 거리를 둬서 심는 것이 좋다.

생명에 영향을 끼친다는 사실을 이해하여 실생활에 응용하면 힐링이 될 것이다. 가정의 면적이 여유 있다면 무난하나 협소하다면 심는 본수를 조절하는 지혜가 필요하다고 본다. 따라서 봉분에 잔디를 심는다면 소나무의 식재는 삼가는 것이 좋다.

3 위의 책, p.298.

② 수변 정리

주변 정리가 필요하다. 다 된 밥에 코 빠지는 것이 아마도 이것이리라 생각된다. 가장 중요한 사항이라 해도 과언이 아니다. 훼손된 것은 자연에 근접하게 복구를 해야 하며, 청소 등 마무리가 깨끗하게 되어야만 상주들에게도 고인에게도 기본적인 예(禮)를 갖춘 장사가 될 것이다. 이를 무시한 주변 정리 없는 마무리는 올바른 마무리가 아니다. 물론 힘든 과정이지만 마지막 마무리가 올바르게 되어야 그날의 끝과 앞날의 행복이 희망찰 것이리라 믿는다.

③ 잡초와 쑥 제거

잡초는 죽지 않는다. 씨가 날아오는 것이 아니라 땅속에서 쉬고 있다가 기회가 되면 싹이 튼다. 이른 봄 제초 처리를 하는 것이 좋다. 쑥은 문제다. 일일이 뽑아 주거나 제초를 해야 하는데 쉽게 없어지지 않는다. 뽑고 나서시는 세초로 비닐상삽을 끼고 약불을 쑥에다 발라 자연 고사되도록 한다. 이렇게 하면 잡초와 쑥은 말끔히 해결된다. 방치해서 놔두면 완전한 쑥대밭으로 변해 묘지 관리는 엉망이 되어 문제가 된다. 조기에 제거하는 것이 최고의 방법이다.

봉분 주변에 소나무가 있으면 잔디 관리는 어려움이 있다. 제초 성분이 소나무 갈비에 있기 때문이다. 그래서 봉분 주변에는 소나무보다는 다른 수종의 나무를 심어야 잔디가 생육한다.

(10) 수의와 마음 정리
① 수의

죽음을 앞두고는 목욕하는 것이 좋다. 본인이 하기 어려우면 가족들이 도와서라도 목욕을 시켜 드리는 것이 좋다. 수의는 나일론이 아닌 목으로 된 수의가 좋다. 나일론 옷은 육탈 시 몸에 감겨 모렴이나 목렴과 같은 좋지 못한 결과가 도출되므로 삼가고, 준비가 되지 않았다면 평소 편하게 입는 옷으로 준비하거나 본인이 입고 있는 옷으로 하면 된다. 장례식장에서 큰돈으로 구입한 것은 지양하는 것이 고인에게도 좋다.

필자가 고학년으로 올라갈 때 선생님이 하신 말씀이 있다. 시험은 폼을 잡는 것이 아니라 시험을 잘 보는 것이 목적이니 새 옷을 입는 것보다 평소 편한 복장으로 입고 가서 시험을 보라는 것이었다. 이는 고인에게도 똑같은 의미로 적용된다. 생각을 하나만 더 해 보면 옷이 없던 원시시대에는 어떻게 했는지를 이해하면 가능할 것이다. 자본주의의 개인숭배는 사람에 의해 이루어진 것이 사실이다. 이 점을 잘 이해하면 특별한 수의는 의미가 없을 것이다.

② 마음 정리

사고사가 아닌 자연사는 본인에게 마음과 몸의 정리가 필요하다. 단식과 병행하여 회충약의 복용이 필요하다. 복용은 2차례 정도가 좋고 무난하다. 몸속을 깨끗하게 정리한다는 것은 사후에 후손들의 기운 면에서도 유리하기 때문이다. 죽음을 앞두고 불필요한 요소를 가능한 사전에 정리하면 완전하면서도 깨끗한 육탈이 될 것으로 보인다. 그래야만 몸도 마음도 안정이 되면서 편안하게 사후가 정리될 것이다.

존엄에 대한 자연사는 인간의 마지막 권리다. 이런 차원에서 사고사나 병사, 사살 등 피치 못할 사고사는 국가직인 차원에서도 가능한 예방되어야 할 것이다.

※ 혈증 십서 이외의 혈증

혈증 십서 이외에도 혈증의 종류는 많다. 깊이 있는 연구가 되어야 할 것이다. 그들은 다음과 같다. 혈격(5격, 8격), 입수맥, 계명, 계수, 입(평)맥, 황금비율과 금강비율, 황금각 상분

하합, 입수 종류, 음중양, 시울, 금지 사항.

※ 혈증에 의한 배점

혈증인 6악은 직접적인 혈이며 기본으로 여기서부터 출발한다. 간접적인 3성은 플러스알파(+α)적인 요소로 점증한다. 따라서 6악은 혈을 제외하면 5수로 산정하고, 3성은 요성이 좌우로 4곳이므로 4수로 하여 9수가 된다. 6악이나 3성은 경우의 수가 같다.
  - 6악은 5수로 산정
  - 3성은 귀성 · 관성 · 요성 2개로 4수로 산정
  - 요성은 타탕과 파조로 구분하여 플러스알파(+α)적으로 산정

배점 기준

관리자: 위치:

구분		혈증 6악 (100%)	3성(각 10%, 요성은 차등)						5순	9수	점수	비고
			귀성	관성	요성(8요)							
					파조(9%)		타탕 (11%)					
					좌	우	좌	우				
음혈	와혈											
	겸혈											
양혈	유혈											
	돌혈											

혈증 십관

(穴證 十觀, 답관踏觀)

답관을 하는 이유는 간단하다. 본인과 후손의 영달이 목적이다. 경제적 부가 2만 달러가 넘으면 웰빙이 대세이지만, 3만 달러가 넘으면 가드닝의 시대다.[1] 묘지가 꼭 그런 것은 아니지만 인간의 마음 자세가 그러한 생각이 되어야 할 것이다. 이러한 차원에서 혈을 이해해야 웰빙이나 가드닝이 될 것이다.

혈증 6악이 뚜렷한 묘지들은 다음과 같다. 영천 IC, 남안동 IC, 다부동 IC, 해인사 IC, 성산 IC 강장군 묘지, 박희도 조부의 묘지, 김번 묘지, 청룡 줄기 임유손의 묘지, 임실 박사마을, 정연방 근처 돌혈, 합천 댐 부근의 방씨 묘지, 안성 해주오씨 돌혈, 문경 측량 박물관, 경북도청 후면, 검무산, 안동 구룡산, 김관용 경북지사, 경북 단밀 생지, 경북 칠곡 이집의 묘지, 김천 농소 민묘, 손정의의 증조 묘지, 김계원 비서실장의 조상, 김계원 실장 묘지의 건너 민묘, 신봉길 인도대사의 증조, 최형우 내무장관의 조부모, 이상배 서울시장의 증조, 성주 월항 유월리 산, 헌릉 태봉(충청도 가야산), 정몽주 부친 묘지(영천 임계서원), 연천 허목의 조부, 역대 대통령의 생가와 조상 묘지.

이들 묘지 중 11개소에 대해서는 혈증에 따른 분석으로 설명할 것이다. 나머지에 대해서는 답관자들의 노력 여하에 따라 분석이 달리 해석될 것이다. 아름답고 건강한, 행복한 답관이 될 수 있도록 많은 참고가 되었으면 한다. 혈2자리[2]를 찾는 노력이 필요할 것이다.

---

1 현진, 『수행자와 정원』, 담엔북스, 2022, p.185. 재인용.
2 대통령 조상들의 묘지에서 혈증이 발견됐다. 혈이 2개 이상으로 대통령이 탄생된 의미로 2자리를 나타낸 것이다.

1. 영천 IC

필자가 가장 관심을 가지며 관산을 다니는 곳이 이곳이다. 묘지는 도산(盜山)에 장사했다. 남의 산에 산주의 허락 없이 도장한 곳으로, 그 당시의 지관을 여러 차례 찾았지만 만날 수는 없었다. 아마도 고인이 되었을 것으로 추정된다.

영천 IC에서 영화배우 고 강신성일의 마을을 향해 진행 방향으로 3㎞ 정도 올라가면 된다. 여기에서 같은 방향으로 산을 향해 아스팔트 포장길로 1㎞ 정도 더 진행하면 차를 세울 여유 공간이 길 좌·우측에 있다. 차를 세우고 우측 길로 산을 향해 진입하면 크지 않는 저수지가 있다. 저수지 위 여러 기의 묘지가 나타나는 곳에 존재한다. 아래와 같은 혈증이 분석된다.

[그림 5] 영천 IC의 혈증

(1) 'j'

'j' 자가 가장 중요한 것으로 'j' 자가 되지 못하면 의미가 없다. 즉, 'j' 자가 되어야 혈의 결지 여부를 판단하는 다음 단계로 넘어가는데, 이곳에는 그러한 흔적(① · ⑤ · ⑦ · ⑧)이 나타나는 곳이다. 역 'j' 자가 나타난다. 원을 그리면서 둥글게 신행하여 쇠측으로 마무리된다. 전형적인 역 'j' 자 모양의 낚시 고리와 닮은 곳이 여기다.

모양이 평평하게 생겼다. 마무리가 완료된 모양으로 형태가 볼록하게 생겨 흐름이 유심히 보면 확실하게 나타난다. 볼록(凸)하게 형성된 돌기가 봉분을 중심으로 돌아가는 원형이 분명하다. 필자가 이상과 같은 설명을 말하면 일행들이 인정하고 이해하는 현장이다. 형태는 필자가 주장하는 서책『혈 인자수지』의 표준형으로서 보기 좋게 생겼다.

(2) 선(旋)

'j' 자가 도는 모양이다. 우측에서 출발된 형태가 낚시 고리 모양을 그리면서 왼쪽 가장자리로 마감했다. 돌아간 형태가 오른쪽으로 돈 곡선으로, 오른쪽 팔로 움직이는 우선의 용이다. 물도 같은 방향으로 도는 우선수다. 선룡 선수가 모두 우선으로 시작되어 좌측에서 마무리가 됐다. 우선은 부와 같은 의미가 있지만 실제로 확인된 바는 별로 없다. 기회가 된다면 추가적인 확인이 필요할 것으로 생각된다.

(3) 3성

별은 혈을 간접적으로 도움을 주는 혈증이다. 관성이 돋보인다. 요성(⑧)도 존재하지만, 관성(⑤)이 비교적 크며 그 아래는 낭떠러지로 맥의 존립이 멈추어 맥선이 끝이 났다. 특히 ⑤의 관성은 엄청나게 큰 규모로서 대단하다. 과유불급(過猶不及)이란 말이 나올 정도로 규모가 대형 장군 바위이다. 좌측 요성은 보이지 않는다. 우측 요성(⑧)은 흙으로 되어 있지만 탁(托)의 형태로 되어 있다. 탁은 타탕의 모습으로 아주 좋다. 파조는 아니다.

옆 측면 묘지 조성 시 이 묘지의 요성을 손상시키는 바람에 보기가 좋지 못하다. 혈증을 읽어 내는 지관·지사였다면 요성을 손상시키지는 않았을 것으로 생각되지만, 현장에는 손상되어 있어 보는 사람의 입장은 난감하다. 그러나 어떻게 해 볼 방법은 없다. 다만 묘지 간의 경계로 항상 이견이 있을 가능성이 제기되기도 한 곳이다.

(4) 4상

혈 4상은 와혈이다. 입수와 전순의 전후가 양 선익의 중심선의 연결인 좌우보다 조금 길다. 전후가 긴 타원형으로 정와이다. 선익은 높이보디 폭이 넓지만 분명하게 볼록하다. 친와로 생긴 모양이나 윤곽이 뚜렷해 심와로 판단된다. 따라서 이곳의 혈은 정와와 심와의 와혈 명당이다.

(5) 5순

5순은 둥근 형태의 금성이다. 금성은 부를 관장하는 것으로, 묘지의 후손들은 돈과 관련이 있는 것으로 유추된다. 물론 여성은 반대로 해석된다. 입술은 금성의 모양이 가장 무난한데, 이 형태로 된 전순에 아주 큰 관성이 붙어 있어 좋다.

(6) 6악

어떤 면으로 보면 가장 중요하다고 하는 것이 6악이다. 혈을 제외한 5악은 혈을 도와주고, 지키고, 보호해 주는 가장 중요한 혈증들이다. 그들은 입수·전순·양선익·입혈맥·혈이다. 입수는 기운을 배낼한다. 기의 통토인 입혈맥 아래로 내려보내는 역할을 한다. 입혈맥은 그 기운을 혈까지 도달되도록 전달하는 의무가 있다. 기운의 종착점이 혈이다. 와혈의 경우 전순으로는 연결이 되지 않지만 선익으로 연결된다.

이때의 기운(나머지 혈상인 겸유돌)은 여기가 되지만 와혈은 이러한 현상이 나타나지 않는다. 선익은 입수에서 소분맥으로, 좌우측으로 갈라져 한쪽은 크게, 반대쪽은 작게 둥근 형태로 이루어져 혈을 감싸 안고 있다. 큰 쪽의 선익이 작은 선익을 감싼 형태가 되어 선룡도 겸하는 것이 일반적이다. 이처럼 입수·전순·양선익·입혈맥들은 제각각 할 일을 하면서 혈을 보호하거나, 혈을 만드는 역할에 일조한다.

(7) 7다

7다가 존재하는 곳이다. 입수는 들었고, 선익은 돌았으며 떨어졌고 감았으며, 전순에는 붙었고 멈추었다. 입수에서 입혈맥으로 갈라졌으며 분맥도 이루어져 7다 다 된 곳이 이곳이다. 이들은 들었다, 돌았다, 붙었다, 떨어졌다, 안았다, 감았다, 멈추었다 등 7다가 이루어진 곳으로서 좋다.

들었다는 입수에서 보면 나타난다. 벌렸다는 입수에서 나누어져 양 선익과 입혈맥으로 진행됐다. 떨어졌다는 전순 아래가 둔덕으로 이루어지면서 폭포처럼 되어 있다. 붙었다는 우측의 둔덕인 요성과 전순 아래 관성이 붙어 있다. 돌았다는 좌우측의 선익은 혈을 중심으로 둥글게 원을 그리면서 돈 형태가 된다.

따라서 들었다, 벌렸다, 떨어졌다, 붙었다, 돌았다, 안았다가 다 있는 7다 원칙이 되는 곳이다. 일반적으로 혈이 된다면 틀림없이 존재해야 하는 필수적 요소들이다.

(8) 8요

8요는 좌우 선익에 붙은 별이다. 이 별이 별명으로 요성이다. 요성은 2가지로 파조와 타탕으로 나뉜다. 우측에 타탕이 붙어 있으나 나중에 묘지 조성으로 이를 일부 절토한 바 있다. 적절하지 못한 절토는 피해가 우려된다. 하지만 남의 땅에 도장한 형태로 보았을 때, 이러한 조치는 미흡한 것으로 인정된다. 따라서 본인의 소유라면 나중에라도 피해가 없는 범위 내에서 복구를 하는 것이 혈을 보호하는 차원에서도 유리할 것으로 판단된다. 8요는 좌무우타당이다.

(9) 9수

6악과 3성에서 이미 다루었던 것처럼 6악의 5수와 3성의 4수가 있는 곳으로서 9수가 되는 곳으로, 혈의 가치는 좋다.

(10) 10장

이미 장사한 묘지로 지표면의 봉분을 보면 입수와 전순의 종선과 양선익의 횡선을 연결하면 + 지점이 그려진다. 이를 놓고 판단해 보면 정혈(正穴)이 비교적 바르게 되어 있는 곳임을 알 수가 있어 보기에도 좋다. 깊이는 판단이 되는 것은 아니지만 지표면의 선익을 놓고 보면 양호하게 장사한 것으로 이해된다.

2. 남안동 IC

남안동 IC에서 용각산을 찾아 진행하면 용각리 마을이 나온다. 이곳에서 가는 방향으로 곧장 올라가면 길 건너편에 저수지가 나온다. 거기서 주차하고 우측 길로 올라가면 된다. 이 자리는 이장하고 나서 손자가 변호사 시험에 통과한 이력이 있는 곳이며 아들은 검사 출신으로 법조인 집안이다.

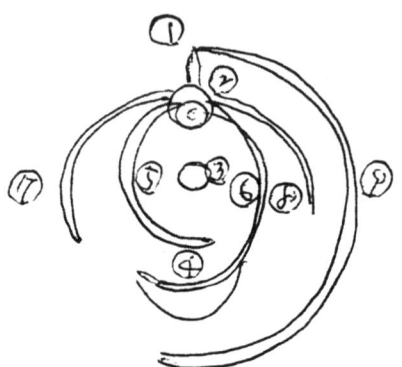

[그림 6] 남안동 IC 부근의 민묘

(1) 'j' 자

좌측에서 출발된 'j' 자(② · ⑥ · ④)는 우측에서 마무리되어 완벽한 'j' 자가 이루어진 모양새다. 내려가는 용맥이 멈춘 형태가 완료되어 보기가 좋다. 입맥으로 되어 있어 사람이 만든 것처럼 너무나 분명한 곳이다. 의성에 있는 묘지를 분석하고 관리자의 산을 보면서 발견한 곳으로, 이곳에 이장했다.

이장하기 일주일 전, 의성문화원 수강생들에게 견학하도록 한 후에 작업한 곳이다. 이곳으로 인하여 수강생들은 혈증의 이해를 완전히 정복했다. 이전까지는 풍수가 청룡과 백호로 인식되어 '별것이 아니구나.' 하는 의도로 생각을 하고 있었는데 이 묘지로 인하여 풍수는 4신사로 이해가 되지만, 혈은 혈증으로 분석해야 한다는 인식이 각인된 곳이다.

필자는 이들에게 고맙게 생각하곤 한다. 왜 그런가 하면, 혈증으로 설명을 해도 이해가 어려운 것으로 생각하거나 필자를 다 같은 풍수 선생으로 봐 온 것이 사실이기 때문이다. 한편으론 대구시청 두류노서관에서도 같은 논리로 설명된 바 있으나, 영천과 남안동 IC로 인해 혈증인 6악으로 변화된 혈증의 인식으로 발전된 것이다.

이런고로 필자가 주장하는 말이 있다. 혈 공부를 하기 전에 현장 학습이 꼭 필요하다고. 특히 혈증의 답관은 견학이 우선적으로 선행되어야 한다는 것을 알아야 한다. 백문(百聞)이 불여일견(不如一見)이다.

(2) 좌선

'j' 자(② · ⑥ · ④)에서 설명한 바와 같이 좌측에서 출발하여 이루어진 선룡으로 좌선이다. 좌선은 귀를 관장하기도 하지만 부가 일부 주관되기도 하는 것으로 이해된다.

(3) 3성

이곳은 관성(④ 하단부)이 있다. 흙으로도 암으로도 되어 있는 곳으로 아주 두툼하게 마무리가 된 곳이다. 흙으로 이루어진 둔덕은 크기가 크고 중간중간에 암이 존재하고 있어 마치 사람이 만든 것처럼 되어 있다. 관산 일행들은 이구동성으로 '만들었군.' 하고 말하는 곳으로, 그만큼 분명하고 좋다.

(4) 4상

전후좌우가 바르다. 입수와 전순의 길이는 양 선익의 폭보다 종선의 길이가 약간 더 긴 형태로 정와이다. 선익은 입맥으로 분명하게 생겨 심와다. 따라서 정와와 심와의 와혈이다. 전형적인 와혈의 형태로 선익이 돌출되어 있어 심와이다. 올바른 형태의 심와가 있는 곳으로 정와의 와혈 명당이다.

(5) 5순

전순은 둥근 모양의 금성(④ 하단부)이다. 전순의 으뜸이 금성으로 어느 곳보다 좋다.

(6) 6악

그림과 같은 형태로 연익이 있고 청룡과 백호도 있어 좋다. 특히 연익은 좌·우측에 대칭적으로 되어 있고 조화와 균형이 맞다. 선룡이 좌선으로 대칭의 핵심은 사신사인 청룡으로 커버가 된다. 물길도 6악과 더불어 좋은 물이 된다. 입수는 미약하여 잘 보이지 않는다. 그러나 맥은 들어간 모양이 보인다.

맥이 잘 보이지 않는다면 물을 보면 이해가 될 것이다. 낮은 곳에서의 물을 보면서 점차 높은 곳으로 눈을 돌려 보면 물길이 형성됨을 이해할 것이다. 물의 구분이 어려운 곳이 맥으로, 맥의 전달 경로가 된다. 입수 아래 입혈맥도 이러한 방법으로 읽어 내면 된다. 입혈은 1분합이 이루어지는 출발선이다.

(7) 7다

입수는 들고 선익에선 돌기도 하고 떨어지기도 한다. 전순에서 붙었으며 우선익을 좌선익이 감았고 전순의 좌측에서 마무리가 완료되어 매우 보기 좋다.

(8) 8요

좌선익에 타탕으로 요성이 붙어 있다. 우선익에는 8요가 없다. 좌우 대칭은 되지 않지만 4신사인 청룡이 안으로 들어오는 형태로 대칭이 되어 좋다.

(9) 9수

9수는 6악인 혈증이 분명하며 3성은 관성과 요성이 있다. 특히 관성은 돌로도, 흙으로도 된 중첩의 모양이다. 7수가 있는 곳으로 좋다.

(10) 10장

이곳의 장사는 필자가 도왔다. 종선과 횡선을 놓고 자로 재어 측점을 확인하고 천공은 와혈임을 확인 후 선익을 기준으로 깊이를 재단했다. 작업의 수단은 모든 것을 수작업으로 했다. 재단과 작업을 병행하니 짐토하면서 진행했다.

안치 후 봉분을 조성함에 따라 갈매기 형태로 잔디 작업을 했다. 자연의 조긴을 이해하여 가능한 자연대로 진행했다. 봉분 조성 시 무너짐을 방지하기 위해 목저를 사용했다. 잔디를 심기 위해 봉분에 골을 파는 것은 지양하고, 붙여 놓고 목저로 압착해 마무리했다. 잔디의 활착은 늦어지는 단점이 있다고 보지만 땅의 피해는 저감되도록 했다.

그 결과, 자연대로 이루어져 미관상 보기는 한결 나았다. 그리고 2년 후 아들이 변호사 시험에 합격하는 영광이 따랐다. 물론 이 묘지로 인해 합격했다고는 할 수 없지만, 아무튼 상주들은 좋게 받아 주는 것으로 이해됐다.

3. 박정희 전 대통령 부모의 묘지(남구미 IC)

이 자리는 관산 대상지로, 초행자나 오래도록 풍수를 한 풍수인들에게 관산토록 종용할 만큼 대단히 중점적으로 관산을 하는 곳으로서 필수적인 관산 대상지이며 혈증을 가진 곳으로, 혈의 여부를 반드시 이해토록 하는 정기 코스다.

박정희 대통령의 조부모와 부모의 자리가 상하 쌍분으로 되어 있다. 이설이나 논쟁이 아주 많은 자리다. 조부모의 자리가 좋다거나 부모의 자리가 좋다는 의견이 반반이나, 목소리가 큰 사람은 조부모의 자리가 비교적 우세하다고 한다. 멀리 있는 천생산을 바라보면서, 일자문성이 2개로 부녀간 대통령이 탄생했다고 주장한다. 하지만 이 묘지들을 혈증으로 분석해 보면 이해가 비교적 쉬운데도 불구하고 논쟁을 하는 작자들이 대부분이다.

필자는 박정희 대통령의 부모 자리를 주목하며 박근혜 전 대통령의 흔적이 이 자리에서 출발된 것으로 예측한다. 이유는 후설에서 분석하겠지만, 제2관법에서 설명된 선룡이 우선이다. 선룡을 남·여로 구분하기도 하지만 여자는 좌·우선룡이 역으로 해석되기도 한다. 즉, 여자이므로 우선이 되며 또한 귀도 동일한 개념으로 해석하면 될 것이다.

이러한 실례로 진도에 있는 송가인 가수 증조부모의 자리가 이를 확인시켜 준다. 그곳은 좌신이며, 좌신은 귀보다는 부로 판단된다. 여자 가수이기 때문에 좌선룡에서의 해석이 가능하며, 부로 판정된다. 해석에 따라 우연의 일치로 보기는 무리수가 있다고 본다. 그러나 좌는 남자 계열이면서 명예인 귀로 판단되며, 우는 여자로 계산되는 것으로 부가 우선시된다.

이를 놓고 보면 박근혜 전 대통령이나 송가인 가수는 현재로선 틀림이 없고 맞다.[3] 다만 앞으로의 계속적인 관찰이 요구될 뿐이다.

---

3 2인의 관찰이지만 순리적인 분석이 됐다. 계속적인 통계 분석이 요구된다.

3장 혈증 십관(穴證 十觀, 답관踏觀)

[그림 7] 박근혜 대통령의 조부모 혈장도

(1) 'j' 자

j 자는 분명하다. '도장석'이라는 돌이 기준이 된다. 여기서 묘지를
향해 보면 j 자가 선명하다. 물길을 놓고 보면 이해가 더 쉽다. 맥도
물도 j 자로 흘러가는 모습이 영어글자 모양을 쪽 빼닮은 형태의 j 자
다. j 자 하단부가 완전히 낚시 고리 모양으로 마무리가 완료되어 멈
춘 형태로 보기가 좋고 쉽다. 혈증을 보는 것이 일품이다.

(2) 선룡

선룡 선수가 우선이다. 박정희 대통령의 서론에서 주장한 내용이
다. 박정희 대통령의 딸인 박근혜 대통령의 근원은 이곳임을 강조한
내용의 선룡이 우선이다. 우선은 여자이며, 우선의 부가 여자로 바
꾸어서 이해하면 귀로 변경되는 진술의 게임이론이다. 물도 맥과 같
은 우선이 된다. 맥이 가면 물도 같이 가는 자연의 이치다.

(3) 3성

이곳에는 관성이 있다. 유별나게 말이 많은 곳으로 박근혜 대통령의 조부모 자리 아래 돌이 붙어 있다. 큰 돌은 부석(浮石)으로 일명 도장 바위로 알려진 돌이다. 땅속에 묻힌 관성은 여러 개가 있어 좋게 평가된다. 귀성은 보이지 않으며 요성은 우선으로 묘지로 올라오는 곳이 언덕으로 되어 있는 형태로 탁이 된다. 탁은 둔덕처럼 붙어 있어 품격이 높고 볼품이 있어 아주 좋게 보인다.

(4) 4상

혈 4상의 이름은 혈증을 분석해서 보는 것이 원칙이다. 일반적으로 맥선을 통해 내려오면 유혈이라고 분석하는데, 이는 아주 잘못됐다. 맥을 통해서가 아니라 혈증의 증거들을 놓고 분석해야 한다. 본 묘지는 와혈이다. j 자가 우측 선익으로 길게 좌측의 선익을 감아 마무리를 했다. 거슬러 올라가면 입수가 보이는데, 그 입수에서 좌우로 갈라져 전순을 만들면서 마무리가 됐다. 좌우 선익이 있는 곳으로 폭과 입수와 전순의 길이가 긴 정와이며, 선익의 윤곽이 비교적 뚜렷한 심와로 분석된다.

(5) 5순

전순은 금성의 모양이다. 둥근 형태로 이루어진 전순으로 부가 우선시되나, 남자가 아니므로 여자에게는 귀가 먼저다. 따라서 전순은 우선익을 통한 연결 고리로 마무리됐다.

(6) 6악

입수는 좌우의 선익을 통해 상부로 올라가면서 확인하면 약하게 돌출된 부분이 있다. 여기서 좌우 선익은 갈라지며 오른쪽 선익이 왼쪽 선익을 감아 준다. 우선익의 하단부가 전순과 연결된다. 종선과 횡선의 중심에는 우측의 묘지가 된다.

입혈맥은 양호하나 조부모의 묘지 뒤편에 물 처리를 위한 방법으로 도랑을 만들어 놓았다. 깊게 파인 도랑은 맥의 파손을 초래할 뿐만 아니라 후손에게도 좋은 영향을 끼치지 못하므로 물 처리를 위한 맥의 손상은 조심하여 처리해야 할 것이다. 돈이나 손을 대서 좋지 못한 일이 발생하는 우를 범해선 곤란하다.

(7) 7다

입수는 들었다. 좌우 선익은 돌았으며 떨어졌다. 전순은 붙었고 마무리가 됐다. 우선익은 좌선익을 안고 마무리했다. 7다가 이루어져 아주 좋은 혈을 만든 것이다.

(8) 8요

우선익이 탁으로 이루어져 있다. 탁은 형태가 타탕이다. 좌선익에는 아무것도 보이지 않는다. 즉, 8요는 왼쪽에는 없고, 우측에는 탁이 있는 8요로 구성되어 있다.

(9) 9수

혈증인 6악이 뚜렷하고 관성은 부석도 있지만 암석도 있다. 인장석인 부석에 대해서는 말도 많고 탈도 많지만 돌출되어 있으나 해석해 보면 그에 대한 품격은 미미하다. 따라서 6악의 5수와 3성의 2수로 모두 7수가 된다.

한편 혈장 뒤편 지룡의 당배 등 귀사는 아주 아름답게 해석된다. 초학자들의 풍수관이 시험되는 곳이다. 맨 아래에는 박정희 대통령의 형인 박동희의 묘지가 있다. 그의 아들도 국회의원과 축구협회회장 출신으로 묘지의 길흉이 점쳐지는 곳이다.

(10) 10장

종선과 횡선의 중앙에 위치하나 쌍분으로 혈의 중심에선 벗어났다. 이는 쌍분의 공통점인 종선을 놓친다는 단점이 있다. 아니면 합분으로 해야만 올바른 혈자리에 장사하는 정혈의 개념과 일치된다. 쌍분은 혈을 놓칠 가능성이 농후하기 때문이다.

4. 다부 IC

묘지는 공장으로 확장되면서 이장을 한 곳으로 황골이 나온 곳이다. 유골의 색깔이 황색인 황골은 좋은 길지의 혈임을 암시한다. 자골은 격이 한층 높다고 평가된다. 이에 비해 흑골은 격이 낮은 유골로, 혈이 아닌 곳에서 출토되는 것이 일반적이다. 황골이 출토된 곳의 혈증을 분석한바 다음과 같은 결과물이 나왔다.

[그림 8] 다부 IC 황골

(1) 'j' 자

j(① · ⑥ · ④) 자가 왼쪽으로 돌아가 전순의 우측에서 마무리가 완료됐다. j 자의 하단부가 들려진 형태가 되어 좋다. 그곳에는 흙무덤과 암석이 박혀 있어 j 자는 분명하게 보인다.

(2) 선룡

선룡이 좌선으로 크게 돌았다. 혈을 기준으로 좌측으로 돌아 우측의 전순에서 마무리가 완료됐다. 좌선의 선룡에 선수도 좌선으로 갈무리됐다. 선룡 선수가 한 축으로 이루어진 곳으로, 혈증이 분명하고 좋다.

(3) 3성

관성은 일품이다. 흙과 암으로 아주 튼튼하게 생겨 물이 넘어올 수 없는 구조로 되어 있다. 관성의 조직은 횡으로 배치되어 내려오는 방향이 j 자로 틀어지게끔 형성되어 있다. 우측에는 요성이 파조로 존재하고 있고, 좌측에는 타탕이 붙어 있다.

(4) 4상

4상은 선익으로 대변된다. 선익의 형태가 좌우로 소 분맥되어 벌려진 형태로 이루어져 있다. 이는 와혈의 특성이다. 횡선에 비해 종선이 조금 더 긴 형태가 되어 정와이며, 돌아가는 선익의 높이가 얕아 천와로 판단된다. 따라서 이 자리는 천와와 정와의 와혈 명당이다.

(5) 5순

전순은 아주 크고 분명하게 돌출되어 있으며 둥근 형태로 금성이다. 금성은 부와 관련이 있으나 후손의 역량에 대해서는 알 길이 없다. 다만 산이 공장으로 되는 가운데 부의 논리로 상상만 할 뿐이다.

(6) 6악

입수는 입혈맥과 좌우 선익으로 양분된다. 좌선익이 우선익을 감싸고 있다. 전순은 우람하고 높게 돌출되어 있어 좋다. 혈은 이장으로 훼손되어 분명하지는 않다. 다만 황골이 출토된 것으로 보아 혈속에 정확히 정혈된 것으로 추정된다.

(7) 7다

혈증 6악이 제대로 되어 있다. 3성은 좌우측에 요성과 전순에 관

3장 혈증 십관(穴證 十觀, 답관踏觀)

성이 붙어 있다. 이러한 이유로 7다는 제대로 이루어진 것으로 판단된다. 다만 앞에서도 언급하였듯이 많은 훼손(이장)으로 보이는 데는 한계가 따른다.

(8) 8요

나가는 물길의 중심에는 금성이 존재하고 있으며 선익에 붙은 8요도 존재한다. 8요는 좌타탕우파조로 좌선의 기운이 크다.

(9) 9수

혈증 6악과 3성은 함께 존재한다. 다만 3성 중 관성이 대단하다. 흙과 암으로 존재하고 있어 좋다. 귀성은 발견되지 않는다. 6악의 5수와 3성의 2수가 있어 7수가 된다.

(10) 10장

이장을 한 곳으로 장사의 기법은 보이지 않는다. 다만 혈증이 분석되는 것으로 황골의 출토는 혈증으로 충분히 가능하다고 본다.

5. 해인사 IC

해인사 IC에서 합천댐 방향으로 지방도를 따라가다가 합천읍으로 향한 곳의 삼거리에서 좌회전하면 된다.

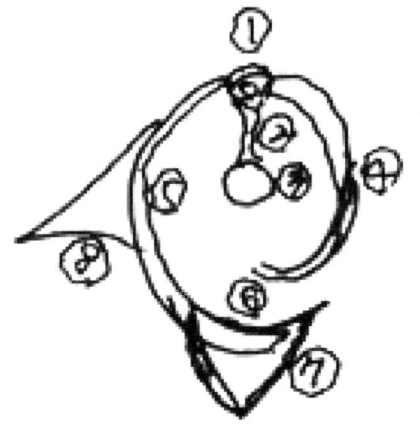

[그림 9] 해인사 IC의 민묘

(1) 'j' 자

입수에서 우측 맥으로 진행하는 선익은 전순의 우측 근저에서 멈췄다. j 자로 마무리가 완료된 것이다. j 자는 혈의 여부를 가장 먼저 관측하는데, 이곳에도 이러한 형태가 이루어져 있다. j 자가 되지 못하면 혈의 결지는 불가능하다. 여러 차례 여러 곳에서 j 자에 대한 언급을 강조한 바 있다. 가장 중요한 혈증 중의 하나가 j 자이기에 거듭 강조한 것이다.

(2) 선룡

선룡이 우선이다. 입수에서 좌선익보다 큰 우선의 영향으로 전순까지 도달된 맥으로, 선룡이 우선이다. 우선은 부로 관장한다고 보지만 결과는 모른다. 물론 귀가 완전히 단절된다는 논리에 대해서는 무리가 따른다.

(3) 3성

우측 요성이 존재한다. 선익에 붙어 있는 요성이 파조 형태다. 파조는 타탕에 비해 기운이 떨어진다. 힘이 약하다는 것이다. 자기 본체의 기운을 밀어 주는 동시에 뺏어서 가는 것이 특징으로, 타탕에 비해 약하나. 온선이 선익에나 힘을 몰아주는 타탕과는 상대적으로 비교된다. 따라서 파조보다 타탕이 한결 격이 높다고 본다.

(4) 4상

입수와 전순의 길이는 양 선익의 폭보단 길이가 조금 더 길다. 이는 정와의 형태다. 선익의 높이는 높지 않고 낮다. 이러한 형태는 천와이다. 따라서 정와와 천와의 와혈 명당이다.

(5) 5순

전순의 형태는 삼각형의 목형이다. 정삼각형으로 모양이 깔끔하게 생긴 전순이다. 보기가 아주 드문 형태의 삼각형 전순이다. 뾰족한 부분으로 종선을 맞추고 횡선은 양 선익이 된다.

(6) 6악

입수는 탁월하다. 입혈맥도 상혈로 인해 분명하게 나타난다. 좌선익은 짧게 형성되어 있고 우선익이 이를 감싸 안고 있다. 전순은 우선익으로부터 연결되어 삼각형의 전순을 만들면서 좌측의 근저에서 마무리가 완료됐다.

(7) 7다

들어서 돌면서 분맥되고 마무리가 완료되어 7다가 이루어졌다. 전순에선 떨어져 있으며 우선익에선 요성이 붙어 이루어져 있다. 따라서 7다는 온전히 이루어진 상태로 보인다.

(8) 8요

우선익의 요성이 파조로 되어 있다. 8요는 좌무우(左无右)파조로 되어 있는 구조체로 분명하다.

(9) 9수

6악은 앞에서 언급한 것처럼 전순이 이채롭다. 목형의 삼각형 전순이 특징이다. 이러한 전순은 필자가 처음 본 것으로 이해된다. 3성으론 요성이 존재한다. 따라서 6수가 된다.

(10) 10장

종선과 횡선을 놓고 보면 상혈이 되어 있는 상태다. 조금 위로 올라가면 정혈(正穴)이 될 듯하다. 장사의 자세한 내력은 알 수 없다.

● 6. 박희도 장군 조부모의 묘지

경상남도 창녕군 이방면 이방시장에서 서쪽으로 가면 첫 동네가 나온다. 이 동네에서 다시 남쪽으로 방향을 틀어 들어가면 조그만 동네가 있다. 남쪽 향의 산 중턱에 묘지가 위치한다. 급하게 내려오다가 멈춘 형태로 5부 능선 고개마루에 있다.

[그림 10] 박희도 장군의 조상 묘지

(1) 'j' 자

봉분의 좌측을 통해 전순으로 연결되어 우측 하단부 근저에서 마무리되어 j(① · ⑤ · ⑥)자 형태가 존재한다. 처음 이곳을 관산하는 사람이라도 자연의 이치를 알면 쉽게 찾아낸다. 원훈의 시울이 분명하게 나타나는 곳이다.

(2) 선

선룡은 좌선이다. j 자 모양대로 생긴 형태가 봉분 주변에 뚜렷하게 형성되어 있다. 입수에서 좌선익을 통해 전순으로 연결된 형태가 왼쪽으로 이루어진 좌선의 용맥이다.

(3) 3성

3성이 뚜렷하게 형성된 것은 발견되지 않는다. 다만 좌선익이 우선익을 감아 준다는 것은, 잠정적으로 볼 때 탁이 형성된 것이라고 판단된다. 하지만 현장에서는 형질변경으로 인해 볼 수는 없다.

(4) 4상

혈상의 종류를 수평적으로 보면 전후좌우가 고르며 균형 잡혀 있어 정와로 판단된다. 수직적인 방법으로 살펴보면 양선익이 비교적 뚜렷하게 생겼다. 이러한 형태는 심와로 판단된다. 따라서 이 자리의 혈상은 정와와 심와의 와혈명당으로 판단된다.

(5) 5순

전순의 형태는 금성이다. 둥근 형대로 시울이 뚜렷히게 지나간 흔적이 분명해 보기가 좋다.

(6) 6악

입수는 양돌하며 우선익은 짧게 형성되어 혈을 감싼 자세로 되어 있고 좌선익이 우선익의 끝부분을 안고 있는 모양새로 극히 좋다. 둥근 형태는 마치 만월(滿月: 보름달)처럼 생긴 것으로 윤곽이 뚜렷하게 되어 있다.

(7) 7다

선익과 전순 등에서 7다가 형성되어 있다. 입수는 들었고 선익은 돌았고 전순은 떨어졌고 좌선익이 감싸 안은 형상이 되며 전순의 우측에선 마무리가 완료됐다. 따라서 7다는 잘 이루어진 것으로 평가된다.

(8) 8요

8요는 좌타탕우무로 확인된다. 이미 묘지가 조성되어 있어 확인이 불가하다. 다만 좌선익 외측이 두툼한 형태가 있으나 요성으로 보기에는 한계가 있다고 판단된다.

(9) 9수

3성은 좌측에 있으므로 1수가 되며 6악이 존재하므로 5수로 모두 6수가 되는 경우의 수다. 묘지에 접근하면 원훈이 눈에 들어온다. 돌아가는 시울의 윤곽이 분명해 처음 보는 관산자도 확인이 가능할 만큼 뚜렷하다. 따라서 3성에는 1수가 있어 6수만 존재하는 자리로 보이나 3성의 일부 형태는 훼손으로 보이지 않아 감점되는 곳이다.

(10) 10장

수평적인 장사는 비교적 잘되어 있다. 다만 수직적인 장법에 대해서는 알 길이 없다. 와혈인 만큼 선익을 기준으로 한 깊이가 결정되어야만 정상적인 장법이 될 수 있음이 간접적으로 확인된다.

7. 김번 8대 명당

김번 묘지는 경기도 남양주에 위치한다. 8대 명당으로 소문난 것처럼 대단한 혈증을 보유한 자리다. 일부 풍수인들은 혈이 아니란 명제를 다는 곳이기도 하다. 이유는 그림의 형태를 읽어 내지 못하기 때문이다. 기는 가다가 중지하면 그 기운은 어디로 갈 수가 있는가에 대한 의문을 풀어내야만 해결될 것이다.

[그림 11] 김번의 묘지

(1) ᅥ 자

이곳의 묘지는 아주 특이하다. 윤곽이 뚜렷한 j 자(① · ⑤ · ⑥ · ⑦)는 혈훈(穴暈)이 크면서도 분명하다. 하지만 불특정다수인인 풍수인들조차도 혈증의 확인이 쉽지 않다고 하는 곳이다. 이러한 형태는 필자가 주장하기를, 변와(⑦)에 대한 혈상의 특징을 분석해야 함에도 이러한 형태를 찾아내는 데는 어려움이 따르는 한계가 있다. 이에 대해서는 혈증을 읽어 내는 지혜가 있어야 가능하다.

3장 혈증 십관(穴證 十觀, 답관踏觀)

(2) 선룡

선룡은 우선이다. 그림에서 보는 바와 같이 오른쪽 팔의 형태로 돌아가는 것으로 윤곽이 뚜렷하다. 우선은 입수의 뒤편에 의한 당배귀사와 가는 쪽 귀성의 영향으로 기운이 들어오는 것으로 분석된다. 나만 이러한 내용에 대한 풍수석 기술은 숙련노에 따라 해석이 달라진다.

이 자리와 유사한 곳이 박정희 대통령의 부모(박근혜 대통령의 조부모) 자리가 된다. 같은 형태의 섬룡입수(閃龍入首)로, 일부는 횡룡입수라고 주장하기도 한다. 하지만 횡룡입수(橫龍入首)와 섬룡입수는 차이가 있다는 사실을 알아야 이해가 될 것이다.

(3) 3성

돌아가는 j 자의 이중 전순에 해당하는 곳에 관성이 한두 군데가 아닌 많은 수의 별(星)이 붙어 있어 그에 따른 힘은 대단하다. 그림처럼 90°이상 틀어 돌아가는 것을 보아야 한다. 이를 보는 것이 관건이다. 귀성은 발견되지 않으나 요성에 탁이 붙어 있다.

(4) 4상

j 자가 크게 돈 형태로 우선이 된다. 이중 전순으로 돌아간 형태가 되어 변와가 된다. 다만 좌우의 선익이 얕게 진행되어 천와로 분석된다. 따라서 천와와 변와의 와혈 명당으로 평가된다.

(5) 5순

전순은 둥근 형태로 마무리된 금성형의 모양이다. 둥근 전순이 가장 많기도 하지만 제일 무난한 전순으로 알려져 있는데, 이곳이 그렇게 생긴 전순이다.

(6) 6악의 존재

6악의 입수는 윤곽이 뚜렷하지 않다. 다만 원훈을 찾아내면 확인이 어렵지는 않다. 혈을 중심으로 원을 그리면서 진행하는 것이 선익이며, 그 중심에 입혈이 되어 나가는 맥이 입혈맥이다. 입혈의 하단부에 혈이 생성되어 음중 양이 탄생했다. 우선익을 통한 전순은 약하게 둥근 형태로 마무리가 완료되어 혈증의 완성이 이루어진 곳이다. 특히 전순 아래 이중으로 흘러간 마무리가 우에서 좌로 90°틀어 끝을 맺은 형태다.

(7) 7다

들고, 돌고, 떨어지고, 붙어서 마무리가 완료되어 7다가 이루어진 곳이다. 혈증이 있다면 7다는 이루어지는 것이 혈증의 원리다. 이곳은 7다의 원칙이 있는 곳이다.

(8) 8요

전순 앞에 관성이 붙어 있고 요성은 우측이 탁으로 붙어 있다. 8요는 좌무우타탕이다.

(9) 9수

3성은 요성과 관성이 존재한다. 이는 2수로 6악의 5수로 7수가 있는 곳이다.

(10) 10장

오래된 묘지로 장사의 기법에 대해서는 확인이 어렵다. 다만 와혈이라 재혈의 깊이는 얕게 하여야 하는 천장의 이해가 있어야 한다.

8. 청주한씨 한란 묘

이 묘지는 청주한씨 중시조로 잘 알려져 있으며 재실 옆에 참샘이라는 진응수가 있는 곳으로, 이 물이 있으면 명당이란 말이 있는 곳이다.

[그림 12] 한란의 묘지

(1) �'j' 자

이 자리는 오른쪽이 발달된 자리이다. 몸체에서 오른손 방향으로 진행되어 하단부가 좌측에서 마무리를 완료했다. 형태가 좌우가 바뀐 j(① · ④ · ⑤, ① · ⑥ · ⑦) 자로 되어 있다. 좌측보단 우측의 형태가 비교적 크게 이루어져 있다.

(2) 선룡

입수에서 우측 방향으로 틀어져 있어 좌측에서 마무리된 형태이므로 선룡이 우선이다. 우선은 부를 관장하는 의미로 간주된다.

(3) 3성

관성이 존재한다. 특히 요성이 탁으로 존재해 있다. 탁은 타탕의 형태로 되어 있어 좌측으로 돌아가는 힘이 대단하다. 다만 귀성은 보이지 않는다.

(4) 4상

자리의 앞이 높게 들린 형태로 변와가 되며 좋게 판단된다. 다만 만들어 주고 가는 형태가 되어 유심히 쳐다보아야 혈상이 나타난다. 묘지의 뒤편에서 맥로가 시작되어 높게 들은 안쪽에서 마무리가 된 다음에 다시 맥이 연결되는 것으로 분석되며 얕게 진행되는 선익이 쉽게 보이지는 않는다. 천와이며 변와의 와혈 명당이다.

3장   혈증 십관(穴證 十觀, 답관踏觀)

(5) 5순

전순은 쉽게 보이지 않는다. 시울이 돌아가는 형태가 둥글게 형성되므로 금성으로 보인다. 둥근 형태가 너무나 미세해 시울이 분석되지 않는 해석은 한계가 있다.

(6) 6악

혈증인 6악 모두가 미세하다. 희미한 입수는 입혈을 함과 동시에 양 선익으로 갈라진다. 우선익이 좌선익을 감싸 안아 주는 형상이다. 입혈에서는 혈로 기운이 전달되지만, 봉분이 이미 형성되어 있으므로 음중 양은 보이지 않는다. 우선익에서 전달받은 전순은 좌측에서 마무리된다. 우선익에서 이중으로 다시 벋어 나가는 형태가 변와이며 탁으로 연결되어 이중 마무리가 완성된다.

(7) 7다

들어 올려 나누어지면서 돌려주는 형상이 된다. 전순은 떨어져 있다. 탁으로 이루어진 형태가 떨어짐을 의미한다. 우선익을 통한 전순은 그 아래에서 떨어져 있으며 돌려진 곳에서는 마무리가 된다. 7다 모두가 고르게 이루어져 있다.

(8) 8요

우측의 요성이 탁으로 형성된 것으로 우탁이 되며, 좌측에는 이러한 요가 없다. 좌무우타탕으로 구성되는 8요가 된다.

(9) 9수

6악은 기본으로 이루어져 있으며, 3성은 요성과 관성으로 이루어
져 있어 7수가 되어 길하다.

(10) 10장

이미 오래된 묘지이므로 장사에 대해서는 알 수가 없다. 다만 앞부
분이 탁으로 들려져 있어 돌혈처럼 장사한 것으로 이해된다. 하지만
혈상은 와혈로서 장사 기법 또한 와혈로 하여야 제대로 된 장사법이
된다. 진응수가 있어 보기가 좋다.

9. 안동 온계 묘지

온계 선생은 퇴계 선생의 형이다. 퇴계태실에서 중학교를 지나 남
쪽으로 포장길을 따라 산속으로 들어가며 계곡 건너 용진처에 있다.

[그림 13] 온계 선생의 묘지

(1) j 자

좌선익에 의한 형태로 j(① · ⑥ · ⑦)자가 나타난다. 입수에서 왼쪽으로 돌아 전순까지 연결되는 것으로, 우측 근저에서 완성된다. 정 j 자이다. 경사가 급해 이중 전순처럼 되어 있다. 석축으로 그 아래는 아직도 윤곽이 뚜렷해 보이는 부분은 확실하게 보인다. 이해만 잘하면 전순의 시울이 분명하게 보이는 곳이다.

(2) 선룡

선룡이 좌선이다. 왼쪽에서 출발한 선익이 전순으로 연결됨과 동시에 우측에서 마무리가 완료됐다. 좌선룡으로 온계 선생의 궤적과도 일치하는 귀의 개념이다.

(3) 3성

3성은 좌측에 붙어 있는 요성이다. 요성의 형태는 탁으로 형성된 타탕의 생김새로 기운이 탁월해 좋다. 귀성과 관성은 보이지 않는다.

(4) 4상

상부에서 하단부로 내려오면서 자리한 관계로, 와혈 아니면 겸혈이다. 간혹 돌혈로 판단하는 풍수인이 있다. 입수에서 좌선으로 크게 원을 그리면서 우측의 선익을 감은 형태다. 전순은 좌선익을 통해 진행됐다. 세부적인 혈상을 분석하면 와혈이 된다. 선익의 성김이 약하게 이루어진 천와이며, 전후좌우의 혈증이 조화와 균형되어 정와로 분석된다. 따라서 정와이면서 천와의 와혈 명당이다.

(5) 5순

전순이 분명하게 도출된 형태로 금성의 모양체다. 둥근 형태로 전순이 생겼으며 가장 많이 생성되는 전순으로 형태의 이름은 금형이다.

(6) 6악

입수는 위쪽에 묘지가 있어 잘 보이지는 않지만 선익이 우측보다 길게 생긴 좌선익으로 확인된다. 전순으로 연결된 선익은 우측의 전순 근저에서 마무리된다. 혈은 봉분이 이미 설치되어 있어 분석이 어려우나, 혈증의 배치를 보면 올바르게 정혈이 된 것으로 해석된다. 입혈맥의 주된 역할은 물을 좌우로 나누어 주는 것이다. 이 맥은 분명하게 나타나 보인다. 뾰족한 전순은 일품이다.

(7) 7다

6악 등이 늘었다, 벌렸다, 돌았다, 붙었다, 떨어졌다, 마무리됐나로 7다는 완성되어 있다. 다만 오래된 묘지인 만큼 자세하게 분석할 수는 없는 것이 아쉬움으로 남는다.

(8) 8요

온계 선생의 묘지 8요는 좌타탕우무로 되어 있다. 좌측 요성이 탁으로 형성되어 둔덕처럼 보이며 우측에는 아무것도 없다.

3장   혈증 십관(穴證 十觀, 답관踏觀)

(9) 9수

6악은 있으나 3성은 요성만 있는 관계로 6수가 된다. 다만 하단부로 내려오면서 계속적으로 묘지를 조성해 피해 정도가 우려된다.

(10) 10상

장사에 대해서는 오래된 묘지로 확인이 쉽지 않다. 다만 내려오는 능선에 위치한 관계로 유혈로 보는 경우도 있으나 와혈이다. 와혈은 좌·우선익을 기준으로 재혈이 완성되어야 하는데 좌선이고 좌측에 요성이 존재하므로 좌측 부분에 신중을 기해 장사해야 기운이 올바르게 전달될 것으로 보인다.

10. 임유손의 묘지

이 묘지는 김번 묘지 청룡 줄기 끝 근저에 위치한다.

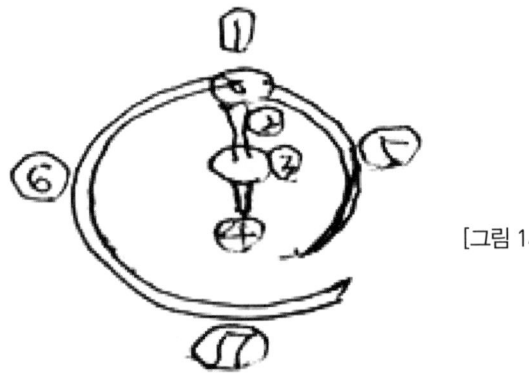

[그림 14] 임유손의 묘지

(1) 'j' 자

이 자리는 'j'(① · ⑥ · ⑦) 자가 우선으로 진행됐다. 좌측의 선익을 우선익이 안아 주는 형상으로 이루어져 있는 곳으로 낚시 고리 모양이다.

(2) 선룡

우측에서 시작된 선룡은 전순의 좌측에서 마무리가 완료됐다. 선룡이 우선룡이다. 물도 같은 우선수가 된다.

(3) 3성

3성은 우측에 탁으로 된 요성이 붙었다. 요성의 형태는 타탕으로 붙어 있어 좋다.

(4) 4상

혈의 4상은 겸혈로 분석뇐다. 입수는 들어 좌우측으로 분맥되어 나누어지며, 입혈은 중간에서 혈로 들어간다. 혈에서는 대추씨 모양으로 낙조가 되는데 이것이 전순이다. 그곳에 묘지가 있다. 선익은 좌측보단 우측이 커 그를 감아 싼 형태로 안고 있다. 전순(그림 ④)이 선익 안에 존재한다. 4상의 종류는 선익이 돌아가는 형태로 곡겸이 되며 크기는 중겸으로 분석된다.

따라서 곡겸과 중겸의 겸혈 명당이 나타나는 곳이다. 겸혈과 와혈의 가장 큰 차이는 전순의 위치이다. 전순이 선익 안에 있으면 겸혈로, 전순이 선익과 연결되어 있으면 와혈로 분석해야 무리가 없다.

풍수인들은 이러한 구별 없이 대혈이니, 대와혈이라는 소리를 하곤 한다. 분명하고도 확실한 혈상의 분석이 있어야 무리가 없다.

(5) 5순

이곳의 선순은 대추씨 형태로 된 낙조다. 낙조는 뾰족한 모양으로 되어 있어 목형이 된다. 목형의 전순 형태는 많지 않고 귀하다. 뾰족한 전순이 종선이 된다는 사실을 이해해야만 장사 시 수평에 의한 장법이 올바르게 된다. 5순의 이해 없이 바른 장법은 불가능하다.

(6) 6악

입수는 들어서 3개의 부분으로 나아간다. 중간은 입혈로, 좌우로는 선익으로 분벽 된다. 입혈에선 혈로, 혈에서는 전순으로 연결된다. 좌선은 짧게 형성되어 혈을 감싼다. 우선익은 혈을 중심으로 둥글게 돌아가는 형태로 좌선익을 감싸고 있는데, 이들이 6악으로 혈증이 된다.

(7) 7다

들고 붙고 돌리고 떨어지고 마무리가 되면서 혈이 만들어지게 된다. 7다가 없으면 혈은 불가능하다. 따라서 어느 곳의 혈이라 한들 7다가 없는 곳은 혈이 아니다. 이곳에는 이러한 7다가 존재하고 있어 혈이 되는 곳으로 좋다.

(8) 8요

선익의 요성이 우측에만 있고 좌측엔 없는 좌무우타탕의 8요로 구성되어 있는 곳이다.

(9) 9수

6악이 존재하며 3성은 요성만 있다. 따라서 6수가 존재하는 겸혈이지만, 와혈과의 구분을 지우는 특성이 발견된 곳이다.

(10) 10장

혈 주변에 묘지가 많아 장사의 기법에 대해서는 이해하기가 쉽지 않다. 전순에도 묘지가 있어 물길이 흩어진 형태로 엉망이다. 또한 좌선익의 근저에 쓰레기장을 만들어 놓아 혈증을 훼손한 상태로 방치되어 있다. 조속한 시일 내 청소가 이루어져야 조상이 좋아할 것이다. 따라서 혈증은 좋은데 주변 환경이 엉망이다. 조만간 쓰레기를 깔끔하게 처리하는 정리가 요망된다.

11. 강장군(성산 IC)

고령 성산 IC에서 우측 편 면사무소 방향으로 조금 가다가 좌측 골짜기로 들어가면 된다. 묘지는 산 5부 능선에 있다. 면사무소 못 가 입간편이 설치되어 있다. 동네 주민들 대부분 알고 있는 묘지로, 물으면 가르쳐 줄 것이다.

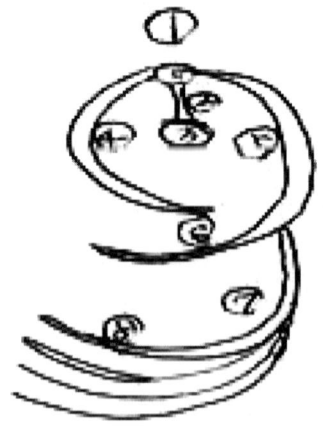

[그림 15] 강장군 묘지

(1) 'j' 자

이 자리는 크게 형성된 자리로 좌측에서 시작하여 우측에서 마무리
된다. 즉, 좌선에 의한 논리로 귀가 우선시되는 곳이다. 입수에선 좌
선으로 전순에 연결되어 마무리가 된 형태다.

(2) 선룡

선룡이 좌선이다. 출발이 좌측이고 우측에서 끝이 난 형태로 흐름
이 좌선이며 물도 좌선이다.

(3) 3성

좌측에 요성이 있고 앞엔 관성이 있다. 귀성은 보이지 않는다. 경
사가 있어서 그런지는 몰라도 길게 형성된 혈상이다. 이중 전순으로
이루어진 우측 근저에는 4가지(⑧)로 마무리된 흔적이 뚜렷하게 나타

난다.

(4) 4상

좌에서 둥글게 마무리되면서 방맥으로 2차로 다시 마무리가 완료된 형태로서 변와가 되며, 선익이 분명하지 않아 천와로 분석된다. 천와와 변와의 와혈 명당이다.

(5) 5순

전순은 형질변경이 되어 분명하지 않다. 다만 여타 다른 곳의 형태를 놓고 보면 둥근 금성으로 추측된다.

(6) 6악

들여진 입수에서 갈라져 하나는 입혈로, 나머지는 좌우로 갈라져 나간다. 좌측이 길게 형성되어 전순으로 연결되며 방맥을 통해 이중으로 나간다. 우측의 선익은 짧다. 혈은 입수에서 입혈맥으로 연결되어 여기는 없다.

(7) 7다

들었고 붙었고 떨어져 있으며 안았고 감싼 형태로 7다가 있는 곳이다.

(8) 8요

3성은 요성과 관성이 있으나 8요는 좌측 요성만 존재한다. 좌타탕우무로 8요가 된다.

(9) 9수

6악이 있는 관계로 5수가 되며, 3성은 요성과 관성이 존재하므로 7
수가 되어 좋다.

(10) 10장

조선 시대의 묘지로 이미 오래됐고 훼손이 많으므로 장법에 대해서
는 알 길이 없다. 다만 묘지를 통제하기 위해 울타리를 설치한 관계
로, 자세히 보는 데는 한계가 있다.

결론

풍수는 산천 백화점이다. 청룡과 백호를 설파하는 사람, 수맥봉과 기맥봉을 흔드는 수맥과 기맥가들, 형국을 논하는 만평가들, 용맥의 시작은 백두산에서 시작하여 이곳까지라고 설명하는 용맥 애호가들, 물길을 호소하는 수 애호가들, 주역이 최고라고 설파하며 철학의 상위개념임을 강조하는 술수인, 영적 기운 등을 다루는 사람들 등 풍수에 대한 다양한 주장이 있다. 전부 혈을 찾기 위한 기술들이 집합되어 있다.

자연에는 혈증이 있다. 혈은 인생을 안내하는 안테나이기도 하지만 인생관이며 인생 내비다. 혈의 혈증인 혈심이 핵인 6악이다. 풍수 고전에서는 4악이 그림으로 선해시고 있으며, 현새 내부분의 풍수인 사이에서는 5악이 주창되는 가운데, 필자는 6악을 주장한다. 6악과 혈에 대해서는 2부에서 설명하였으며, 3부에서는 자연에서 찾은 혈의 예시를 논하였다. 이를 부정한다는 것은 자연을 부정하는 것과 같다.

단적인 논리가 '선익을 본 풍수인이 있는가?'이다. 아무도 보지 못했을 것이란 말에 무게의 추가 실린다. 이러한 논리로 패철이 사라져야 할 대상임을 강조한 것이다. 우리 얼굴과 혈은 아주 유사하기에 그렇다는 말이다. 따라서 이 책은 혈 연구가들에게 필요한 현장 설명서가 있어야 한다는 사실에 대해 다룬 글이다.

먼저 혈을 알아야 하고, 그다음은 현장에 가는 것이다. 이 책을 들고 현장에서 그대로 확인하면서 분석한다면, 혈은 분명히 발견할 수 있을 것이란 확신이다.

기운이 들게 하는 집을 짓는 방법에 대해 논했다. 특히 잠자는 방에 대한 연구가 주다. 하지만 중요한 것은 생활 방식이다. 엔도르핀과 세로토닌이 나오는 생활이 되도록 하여야 할 것이다. 칭찬과 건강을 생활화하면 엔도르핀이 우리 몸에서 많이 생성되므로 자연적으로 건강과 수명이 늘어나게 된다. 또한 행복을 찾아 남에게는 도움을 주는 행위라야 세로토닌의 행복이 저절로 생성될 것이다.

거창한 것이 아니다. 남에게 배려하고 먼저 칭찬하면 된다. 그렇게 함으로써 엔도르핀과 세로토닌이 생성될 것이다. 남을 돕고 남에게 도움을 준다는 것은 나에게도 그러한 정감이 따를 것이란 마음이 될 것이다. 내가 먼저 배려하고 칭찬하사. 이것이야말로 건강과 행복을 만드는 집인 집짓기 십간십서이다. 보다 더 건강해지도록 하는 집짓기가 되어야 할 것이다.

다음은 적덕(積德)에 관한 말이다. 내 돈이 아까우면 타인의 돈도 아까움을 알아야 하는 것이 상식이지만 잘되지 않는다. 적선(積善)이 따로 있을까? 아니다. 특히 풍수지리의 복은 더더욱 아니다. 풍수지리 관산 시 점심을 먹으면 그러한 덕복(德福)에 대한 문제가 예상된다. 내가 산다(돈 내기)는 생각과 남이 산다는 생각의 공통점은 밥값이다. 그런데 그것이 잘되지 않는다. 앞에서 언급한 것처럼 내 것은 아깝고 남의 것은 아깝지 않다는 것이 아니지 않은가? 사람은 공평하다. 이것이 해결되지 않으면 10년의 풍수 공부는 나무아미타불(南無阿彌陀佛)이다.

복덕이 바로국밥이 아니다. 넉을 쌓아야 적덕이 되며, 복을 쌓아야 적복이지 않는가. 풍수 관산보다는 이에 관한 해결 방안이 먼저 되어야 올바른 적덕에 혈이 눈으로 들어오게 될 것이다. 내 돈이 아까움을 이해하여 상대방의 입장으로 바꾸어서 생각하는 기회가 되어야 할 것이다. 그래야 혈이 보일 것이다. 말로만 하는 적덕은 덕이 쌓이지 않을 것이다. 큰 것을 요구하는 것이야말로 절대적으로 복덕이 아니다. 덕은 작음에서 시작되어 습관화되어야 할 것이다.

또한 집짓기는 욜로와 요노이다. 한 번의 인생은 건강하고 장수하는 집짓기에서부터 시작된다. 더불어 필요한 것은 오직 하나로 그것 또한 집짓기이기 때문이다. 전자는 욜로(YOLO: You Only Live Once)이며 후자가 요노(YONO: You Only Need One)다. 하나뿐인 인생이지만 좋은 집을 지어 꼭 필요한 집이 되어야 할 것이다. 이것이 사람들의 욜로와 요노의 주장이다.

한편으로 집짓기는 넛지다. 가르치기나 배우기가 아니라 긍정적이고 상식적인 관행이 되어야 한다. 무리한 자연의 파괴나 역리가 되어서는 곤란하다. 순리가 되는 순행의 넛지가 답이다. 옆구리를 찌르면 저절로 아는 그러한 집짓기가 되어야 할 것이다. 이것이 집짓기의 넛지다. 따라서 억지보단 순리적인 넛지가 되는 집짓기가 되어야 할

집(陽宅) 풍수 십간십서(宅 十看十書)

것이다.

고속도로에서 IC 나갈 때의 문제가 넛지다. 빨간색과 녹색 길로 이해할 수 있을 것이다. 녹색 길로 가야 하는데 빨간 길로 간다면 옆구리를 툭 치면 말로 하지 않거나 가르쳐 주지 않아도 이해한다. 이것이 넛지다. 이처럼 집짓기는 스스로 이해되도록 하는 단계가 되어야 할 것이다. 그래야 누가 옆구리를 쳐도 단번에 알아볼 것이다. 이와 같은 집짓기가 되어야 한다.

또한 집짓기는 도파민이 되어야 한다. 특히 건축이 그렇다. 무궁무진하기에 책을 읽고 이에 따라 즐거움이 있어야 집짓기가 아름답고 행복한 기운이 든 건물이 된다. 풍수인에게 도파민은 반드시 분명 필요하다. 시간적 여유가 있다면 서점이나 도서관을 찾아 즐거움이 향상되는 도파민의 기운을 얻어야 할 것이다. 우리 모두 도파민의 집짓기가 되어야 올바른 집이 될 것이다.

그러나 지금의 시대는 디지털 시대다. 아무리 시대가 그렇다 할지라도 집짓기와 집에 사는 방법은 이러한 시대가 아니다. 원시시대로 돌아가는, 즉 아날로그의 시대로 돌아가는 방법이 최일선이다. 추우면 구들에 불을 피우고, 어두우면 일찍 잠을 청하는 아날로그의 시대로 뒤돌아가야만 인간의 참건강과 행복이 이루어질 것이다. 풍수는 아날로그가 답일지도 모른다.

참고 문헌

- 최득호,『인생은 오늘도 나무를 닮아간다』, 아임스토리, 2022.

- 이재영,『혈 인자수지』, 책과나무, 2014.

- 이재영,『대통령 풍수, 혈로 말하다』, 책과나무, 2022.

- 현진,『수행자와 정원』, 담엔북스, 2022. -『동의보감』

-『조선왕조실록』

- 다카무라토모야 지음, 오근영 옮김,『작은 집을 권하다』, 책읽는수요일, 2013.

- 맹천기,『설심부변와정해』, 상해강동서국인행.

- 윤갑원,『반평의 진리』, 지선당, 2003.

- 이재영,『대통령, 풍수 혈로 말하다』, 책과나무, 2024.

- 이재영,『다시 보는 대통령, 풍수 혈로 말하다』, 책과나무, 2024.

- 애신각라 유한, 김성훈 옮김,『위험한 풍수』, 성안당, 2024.

- 인터넷,「네이버」, 세계에서 가장 작은 집 열람.

- 인터넷,「네이버」, 폭우로 무너진 성주읍성.

- 인터넷,「네이버」, 백년풍수지리연구소, 이재명 대통령 후보 생가.

- 동아일보 제32072호 2024.10.19. 토요일.

- 영남일보, 11면, 향기박사 문제일의 뇌 이야기, 2024.11.11.

- 동아일보, A 28면, 2024.11.21. 목요일 기고문.

- 동아일보, 2024.11.29. 금요일 제32107호 A31면. 일본의 세계적 수면 학자 야나기사와 쓰쿠바 대학교 교수.

- 동아일보, A30면, 제32110호, 2024.12.3., 화요일, 산유국 반대 넘지 못한 '죽음의 알갱이' 협약.